ALTDEUTSCHE TEXTBIBLIOTHEK

Begründet von Hermann Paul
Fortgeführt von Georg Baesecke und Hugo Kuhn
Herausgegeben von Burghart Wachinger

Nr. 116

Die Historia
von den sieben weisen Meistern
und dem Kaiser Diocletianus

Nach der Gießener Handschrift 104
mit einer Einleitung und Erläuterungen

herausgegeben von
Ralf-Henning Steinmetz

MAX NIEMEYER VERLAG TÜBINGEN
2001

Gedruckt mit Unterstützung der Deutschen Forschungsgemeinschaft.

Die Deutsche Bibliothek – CIP-Einheitsaufnahme

Die Historia von den sieben weisen Meistern und dem Kaiser Diocletianus : nach der Gießener Handschrift 104 mit einer Einleitung und Erläuterungen / hrsg. von Ralf-Henning Steinmetz. – Tübingen : Niemeyer, 2001
  (Altdeutsche Textbibliothek ; Nr. 116)
  Einheitssacht.: Die sieben weisen Meister

ISBN 3-484-21216-0 geb. Ausgabe
ISBN 3-484-20216-5 kart. Ausgabe
ISSN 0342-6661

© Max Niemeyer Verlag GmbH, Tübingen 2001
Das Werk einschließlich aller seiner Teile ist urheberrechtlich geschützt.
Jede Verwertung außerhalb der engen Grenzen des Urheberrechtsgesetzes ist
ohne Zustimmung des Verlages unzulässig und strafbar. Das gilt insbesondere
für Vervielfältigungen, Übersetzungen, Mikroverfilmungen und die
Einspeicherung und Verarbeitung in elektronischen Systemen.
Gedruckt auf alterungsbeständigem Papier.
Printed in Germany.

Satz: pagina GmbH, Tübingen
Druck: AZ Druck und Datentechnik GmbH, Kempten
Einband: Heinr. Koch, Tübingen

Vorwort

Für die Aufnahme der ›Sieben weisen Meister‹ in die Altdeutsche Textbibliothek bin ich dem Herausgeber der Reihe und dem Verlag zu großem Dank verpflichtet. Burghart Wachinger hat regen Anteil an der Gestaltung der Ausgabe genommen und viele Verbesserungsvorschläge beigesteuert; Mechtild Hasse-Riedesel sorgte für die zügige Drucklegung. Der Handschriften-Abteilung der Universitätsbibliothek Gießen danke ich für die Anfertigung von Papierkopien der Handschrift und besonders Herrn Dr. Bernd Bader für die Prüfung der Wasserzeichen. Ulrich Seelbach (Münster) hat mir bereitwillig die einschlägigen Partien aus seinem bald erscheinenden »Katalog der deutschsprachigen mittelalterlichen Handschriften der UB Gießen« und weitere Materialien zur Handschrift 104 zur Verfügung gestellt. Detlef Roth (Zürich), der für die von ihm vorbereitete Edition der ›Historia septem sapientum‹ alle bekannten Handschriften mit Hilfe der elektronischen Datenverarbeitung erfaßt hat, war so freundlich, für mich die gesamte lateinische Überlieferung im Hinblick auf bestimmte Eigenheiten der hier edierten deutschen Fassung zu prüfen.

Kiel/Westerrönfeld, 12.10.2000   R.-H. S.

Inhalt

Einleitung

1. Zum Stoff und seiner Bearbeitung IX
2. Zur Überlieferung XVI
3. Zur Schreibsprache XIX
4. Zur Textgestaltung XXII
5. Literaturverzeichnis XXV
   a) Literatur zu den ›Sieben weisen Meistern‹ XXV
   b) Literatur zur Handschrift XXVII
   c) Handbücher zu den sprachlichen
      Erläuterungen XXVIII
   d) Handbücher zu den stoff- und
      motivgeschichtlichen Anmerkungen
      im Anhang XXVIII

Text

   Hie fahet sich an die hystoria von den syben wisen
   maistren vnd dem kaiser Dyocleciano 1
  I. Der kaiserin erst bispel vnd exempel,
     das sie saget dem kayser (*Arbor*) 7
 II. Das erst bispel des ersten maister (*Canis*) . 9
III. Das ander exempel vnd bispel der kayserin
     (*Aper*) 12
 IV. Das ander bispel des andren maister,
     genant Lenzillus (*Puteus*) 13
  V. Das dritt bispel vnd exempel der kayserin
     (*Gaza*) 17
 VI. Das dritt bispel vnd exempel
     des dritten maisters (*Avis*) 20
VII. Das vierd bispel der kaiserin (*Sapientes*) . . 23

VIII. Das vierd exempel des vierden maisters (*Tentamina*)	26
IX. Das fünfft bispel vnd exempel der kayserin (*Virgilius*)	33
X. Das fünft bispel des fünften maister (*Medicus*)	37
XI. Das sechst bispel der kayserin (*Senescalcus/Roma*)	40
XII. Das sechst bispel vnd exempel des sechsten maister (*Amatores*)	43
XIII. Das sibend bispel der kaiserin (*Inclusa*)	47
XIV. Das sibend exempel des sibenden maister (*Vidua*)	53
Fortsetzung der Rahmenerzählung	57
XV. Das letzt bispel, das Dioclecianus allain saget (*Vaticinium/Amici*)	60
Ende der Rahmenerzählung	75
Stoff- und motivgeschichtliche Anmerkungen	77

Einleitung

1. Zum Stoff und seiner Bearbeitung

Die ›Historia von den sieben weisen Meistern und dem Kaiser Diocletianus‹ dürfte im zweiten Viertel oder um die Mitte des 15. Jahrhunderts im Südosten des deutschen Sprachraums entstanden sein. Es handelt sich um eine frühneuhochdeutsche Prosafassung der ›Historia septem sapientum‹ (vor 1342, hg. v. BUCHNER), der erfolgreichsten Version der ›Sieben weisen Meister‹. Diese stellt eine mittellateinische Prosabearbeitung des versifizierten ›Roman des sept sages de Rome‹ (hg. v. SPEER) dar. Die altfranzösische Versversion ist die älteste der westlichen Textgruppe. Unklar bleibt, auf welchem Weg die Erzählsammlung aus dem Orient, wo sie unter dem Namen ›Sindbād-Buch‹ bekannt ist, in den Okzident gelangt ist. Auch Zeit und Ort ihrer Entstehung sind dunkel. Favorisierte man im 19. und frühen 20. Jahrhundert die These vom indischen Ursprung, etwa um das Jahr 600 n. Chr., so hat sich heute die durch die Überlieferung gestützte Annahme durchgesetzt, daß die älteste Fassung um das Jahr 900 in Persien entstanden sein wird (PERRY, S. 58–94; BELCHER, S. 41–49).

Der Plot der Rahmenerzählung ist in allen Versionen ähnlich: Ein junger Prinz, der von sieben weisen Meistern erzogen wird, muß an den Hof seines Vaters zurückkehren. Bevor er sich auf den Weg macht, liest er in den Sternen, daß er sieben Tage lang schweigen muß, wenn er sein Leben nicht verlieren will. Bei Hof bemüht sich seine Stiefmutter, ihn zu verführen. Als sie abgewiesen wird, klagt sie ihn der versuchten Vergewaltigung an. Sein Vater will ihn hinrichten lassen, doch den sieben Weisen gelingt es, mit Geschichten, die die Situation der Rahmenerzählung spiegeln, je einen Tag Aufschub zu erwirken. Diesen Erfolg macht die Kaiserin jeden Abend wieder zunichte, indem sie den Gemahl mit Gegenerzählungen vor undankbaren Söhnen und ungetreuen Ratgebern warnt. Als die Frist verstrichen ist, verklagt der Prinz seine böse Stiefmutter, die, nachdem auch er ein Exempel vorgetragen hat, verbrannt (in manchen Versionen auch nur verbannt) wird.

Obwohl der Stoff über tausend Jahre hin immer wieder neu erzählt wurde, hat die außerordentlich strenge Struktur tiefgreifende Veränderungen des Erzählrahmens verhindert. Im östlichen Texttyp erzählt jeder der sieben Weisen zwei Exempel und die Kaiserin siebenmal je ein Gegenbeispiel. Mit je einer Beispielerzählung begnügen sich die Weisen im westlichen Typus wie auch im mittellateinischen ›Dolopathos‹ (hg. v. HILKA). Dort ist die Kaiserin zudem völlig zum Schweigen verurteilt. Innerhalb des straffen Rahmens bot es sich geradezu an, die Binnenerzählungen auszutauschen. So war ihr Bestand im Laufe der Stoffgeschichte großen Schwankungen unterworfen. Aus den orientalischen Versionen haben sich in der ›Historia‹ nur fünf Exempel erhalten: *Canis* (in dieser Ausgabe Nr. II), *Aper* (III), *Avis* (VI), *Senescalcus* (XI) und *Vaticinium* (XV).[1] Fast alle anderen begegnen in der Geschichte der ›Meister‹ zum ersten Mal im ›Roman‹. Der Autor der ›Historia‹, vermutlich ein Deutscher, hat dann zwei Exempel seiner altfranzösischen Vorlage zu einer Doppelerzählung zusammengefaßt: *Senescalcus/Roma* (XI). Damit war Platz geschaffen für *Amatores* (XII). Indem er *Amici* in das alte Exempel *Vaticinium* (XV) einschob, weitete er zudem die Abschlußerzählung des Prinzen zu einem kleinen Roman aus, der fast ein Viertel der gesamten ›Historia‹ ausmacht.

Doch blieb es nicht bei diesen sogleich sichtbaren Veränderungen. Der Autor der ›Historia‹ gestaltete seine Vorlage gründlich um. Die Voraussetzung dafür lag in der strengen Struktur der Sammlung. Weil die Exempel in der Rahmenerzählung einem Beweisziel dienen, müssen sie bestimmten An-

---

[1] Die in der internationalen Forschungsliteratur zu den ›Sieben weisen Meistern‹ übliche Bezeichnung der Erzählungen mit lateinischen Stichworten wurde von KARL GOEDEKE 1864 eingeführt.

1. Zum Stoff und seiner Bearbeitung

forderungen genügen, wenn sie überzeugen sollen: Sie müssen passen. Im ›Roman‹ passen die Exempel einmal mehr und einmal weniger. Das verwundert den Leser mittelalterlicher Texte nicht. Er kennt das lockere Verhältnis von Moral und Geschicht' aus Mären und Fabliaux, aus Predigten und religiösen Traktaten. Der Autor der ›Historia‹ verändert nun das Verhältnis zwischen Rahmen und Binnenerzählungen. Er beseitigt viele unpassende Züge, doch nur auf der einen Seite, nur in den Exempeln der Weisen.

Mit den Beispielerzählungen der Kaiserin aber verfährt er gerade entgegengesetzt. Er beläßt und vermehrt nicht nur das Unpassende, sondern verstärkt es noch, indem er die Kaiserin ihre eigenen Geschichten auf den in Frage stehenden Fall des Prinzen Diocletianus hin in einer Weise auslegen läßt, die voller Widersprüche ist. Der Leser kann das kaum übersehen, denn siebenmal wird ihm im Wechsel erst ein unpassendes Exempel der Kaiserin geboten, das dann eine noch weniger passende Auslegung erhält, und unmittelbar darauf eine geschickte, auf den Fall abgestimmte Erzählung der Weisen. Mit diesen Änderungen rückt nicht nur die Schuld der Kaiserin in eine neue Perspektive. Vielmehr wird durch das kontrastive Verfahren demonstriert, wie man Exempel richtig auslegt und in wie vielfältiger Weise man gegen das wichtigste Prinzip, das Aptum, verstoßen kann. Aus einer im Orient entstandenen Weisheitslehre (HAUG) hat der Autor der ›Historia‹ eine mit narrativen Mitteln durchgeführte Kritik des argumentativen Exempelgebrauchs geschaffen (STEINMETZ, Exempel, S. 60–126).

Dieser »klassischen Version« (RUNTE) der ›Meister‹ war ein außerordentlicher Erfolg beschieden (FISCHER). Die ›Historia‹ wurde der Ausgangspunkt für zahlreiche Bearbeitungen auf spanisch und französisch, auf hochdeutsch, jiddisch, niederdeutsch, niederländisch, englisch und schottisch, auf isländisch, dänisch und schwedisch, auf tschechisch, polnisch und russisch, auf ungarisch und armenisch und, über das Deutsche vermittelt, erneut in lateinischer Sprache. Sie darf als der zentrale Text der abendländischen Überlieferung der ›Sieben weisen Meister‹ betrachtet werden. Die Fassung der ältesten Handschrift hat GEORG BUCHNER 1889 herausgegeben. Eine kritische Parallelausgabe der wichtigsten Redaktionen wurde 1999 in Basel als Dissertation angenommen und wird nun zum Druck vorbereitet (ROTH).

In deutscher Sprache sind im 15. Jahrhundert zwei Versfassungen und acht Prosafassungen der ›Historia‹ entstanden (GERDES). Mitte des 17. Jahrhunderts kam noch die Bühnenfassung des Augsburger Meistersängers Sebastian Wild hinzu (in: *SCőner Comedien vnd Tragedien zwőlff. Auß heiliger Gőttlicher Schrifft / und auch auß etlichen Historien gezogen. . . . Auffs new in Truck verfertiget / Durch Sebastian Wilden*, Augsburg: Matthäus Frank, 1566). Von ihr sind mehrere Aufführungen zu Beginn des 17. Jahrhunderts bezeugt (BRANDL, S. 87–101). Den elf deutschen Fassungen war ein sehr unterschiedliches Schicksal beschieden. Während die Vulgatfassung zwischen 1470 und 1620 rund sechzig Druckauflagen erlebte, weit mehr als jeder andere weltliche Erzähltext in dieser Zeit, ist uns von sieben anderen Fassungen jeweils nur ein einziger Textzeuge bekannt geworden. Das gilt auch für die hier edierte ›Historia von den sieben weisen Meistern und dem Kaiser Diocletianus‹, deren Text in der Gießener Handschrift 104 überliefert ist.

Die beiden Versfassungen hat ADELBERT KELLER herausgegeben: den ›Diocletianus‹ des Hans von Bühel aus dem Jahre 1412 und eine anonyme Bearbeitung aus der ersten Hälfte des 15. Jahrhunderts (Altdeutsche Gedichte, S. 15–241). Beide Ausgaben sind unzulänglich. Sebastian Wilds Versdrama kennen wir nur aus dem Augsburger Druck. Schlechter noch steht es um die acht Prosafassungen. Keine wurde bisher ediert. Die Heidelberger Handschrift cpg 106 mit der Fassung a ist nur fragmentarisch erhalten; ihr Text liegt, zusammen mit dem der Fassung c im cpg 149, der neuhochdeutschen Bearbeitung von RICHARD BENZ zugrunde. Seit längerem sind Ausgaben der beiden mehrfach überlieferten Fassungen angekündigt. Doch

1. Zum Stoff und seiner Bearbeitung

die Edition der niederdeutschen Drucke der Fassung b durch Gabriele Diekmann-Dröge (Münster) wurde 1999 aufgegeben, und mit der Fertigstellung der Fassung c ist nach Auskunft des Herausgebers Udo Gerdes (Köln) in absehbarer Zeit nicht zu rechnen. Die drei handschriftlich unikal überlieferten Fassungen d (Brünn), e (Colmar) und f (Gießen) wurden im Zusammenhang der ›Meister‹-Forschung erstmals 1992 im »Verfasserlexikon« verzeichnet. Den ältesten Druck der Vulgatfassung g (Augsburg: Johannes Bämler, 1473) hat HEINZ-GÜNTER SCHMITZ 1974 als photomechanischen Nachdruck erneut veröffentlicht. Die Fassung h schließlich kennen wir bisher nur aus dem Antwerpener Druck von Niclaes de Leeu von 1488.

Fassungen, die den gleichen Bestand an Binnenerzählungen aufweisen, werden in der Forschung zu den ›Meistern‹ traditionell als Version bezeichnet. Neben den elf Fassungen der ›Historia‹ gibt es in deutscher Sprache drei weitere Versionen der ›Meister‹. Alle drei sind im 15. Jahrhundert entstanden und in je einer Fassung überliefert. Von den ›Historia‹-Fassungen unterscheiden sie sich nicht nur in der Auswahl der Erzählungen, sondern auch durch eine eigene Intention. Am wenigsten gilt das für die ›Aventewr von Diocleciano‹, die letztlich auf eine ›Historia‹-Fassung zurückgeht, auch wenn die Zwischenstufen unklar sind (STEINMETZ, Studien, S. 241f.). Von der deutschen Vulgatfassung der ›Historia‹ geht die ›Hystorij von Diocleciano‹ aus (ZfdPh 118, 1999, S. 372–390), während die vierte deutsche Version der ›Meister‹ eine bairische Übersetzung der mittellateinischen ›Allegatio septem sapientum‹ darstellt. Ediert wurden bisher die lateinische und die deutsche Fassung der ›Allegatio‹ (ZfdA 126, 1997, S. 397–446; dazu ZfdA 127, 1998, S. 307–322). Von der ›Hystorij‹ habe ich 1999 einen Abdruck der einzigen Handschrift herausgegeben (Litterae 118). Eine kritische Ausgabe der ›Aventewr‹ bereitet Walter Röll (Trier) vor.

Die Vorgeschichte der hier edierten ›Historia von den sieben weisen Meistern und dem Kaiser Diocletianus‹ ist ungewiß. Einerseits gibt es immer wieder Textpassagen, die den Eindruck erwecken, als habe ihnen die deutsche Vulgatfassung zugrunde gelegen (oder umgekehrt, auch die Priorität ist unklar). Meist handelt es sich nur um Teilsätze, aber die Ähnlichkeit der Formulierungen ist doch so groß, daß es schwer fällt, alle Übereinstimmungen als zufällig zu betrachten. Anderseits gibt es mehr Abweichungen als Übereinstimmungen, ohne daß ich für die abweichenden Teile eine andere Vorlage nachweisen könnte. Möglicherweise hat der Bearbeiter den Text der Vulgatfassung stellenweise gekürzt, besonders die ›Reden‹ der Streitparteien zwischen den Erzählungen, und das Übrige einer gründlichen stilistischen Umarbeitung unterzogen. Hier läßt sich jedoch keine definitive Aussage machen, solange wir nicht über zureichende Editionen der lateinischen wie der deutschen Fassungen verfügen.

Ich stelle im folgenden einige deutliche inhaltliche Abweichungen zusammen, zu denen es keine Parallelen in den lateinischen ›Historia‹-Fassungen gibt.[2] Auch aus der deutschen Überlieferung sind mir keine Ähnlichkeiten bekannt. In Klammern stehen Kapitel und Zeilennummer dieser Ausgabe bzw. die Seitenzahl des Augsburger Drucks von 1473 als Vertreter der Vulgatfassung, die, mit zwei im folgenden angegebenen Ausnahmen, stets mit der lateinischen ›Historia‹ übereinstimmt. Der Druck selbst weist keine Zählung auf, ich habe den Nachdruck paginiert, beginnend mit der ersten Textseite (*Hienach volget ein gar schöne Cronick vñ hÿstori Auß den geschichten der Römerñ* . . .).

Rahmenerzählung: Der vierte Meister trägt nicht den Namen *Waldach* (S. 3), sondern erst *Maldach* (R [= Rahmen] 41, das wäre noch leicht aus der Verlesung der oft nicht eindeutigen Majuskeln erklärbar) und später *Maldrach* (VII 80f.), was an die Namensform *Malquidrac* in der Innsbrucker Handschrift der ›Historia‹ erinnert (BUCHNER, S. 8). – Der Kaiser eilt seiner Frau auf ihr Geschrei hin nicht zu Hilfe (S. 12), sondern bestellt sie zu sich, um Aufklärung zu erhalten (R

---

[2] Detlef Roth war so freundlich, die gesamte Überlieferung im Hinblick auf die folgenden Besonderheiten zu prüfen.

1. Zum Stoff und seiner Bearbeitung

157f.). – Der Prinz soll nicht rasch am Galgen erhängt (S. 13), sondern heimlich getötet werden (R 168ff.).

I. *Arbor*: Durch den Baum werden nicht alle Kranken mit Ausnahme der Aussätzigen (S. 14) geheilt, sondern nur die Aussätzigen (I 6f.). – Der erste Weise verweist als Erklärung für das Schweigen des Prinzen nicht auf Gott (S. 17), sondern darauf, daß der Prinz die Natur und Bosheit der Frauen kenne, besonders die der Kaiserin, die ihn fälschlich anklage (I 63ff.).

II. *Canis*: Der Hund hat außer den auch in der Vulgatfassung genannten Besonderheiten (S. 18) die Eigenschaft, alle Tiere, die er ergreift, zu bewahren, bis sein Herr kommt (II 6f.) – so auch die lateinische ›Historia‹ (BUCHNER, S.16).

XII. *Amatores*: Nachdem der Bruder die Leichen der drei verliebten Ritter beseitigt hat (XII 63–92), fehlt die groteske Steigerung der ›Historia‹, wo der Bruder einen zufällig des Weges kommenden vierten Ritter für einen Wiedergänger hält, den er ins Feuer wirft (S. 78f.).

XIII. *Inclusa*: Als der Liebhaber der Königin merkt, daß der König mißtrauisch wird, schützt er nicht Krankheit vor, um nach Hause reiten zu können (S. 83), sondern behauptet erst, *ain schön wilt* gesehen zu haben, das er erjagen wolle, und hinterher, den Ring, den ihm seine Mutter als Andenken gegeben habe, auf der Jagd verloren zu haben (XIII 59–73).

XV. *Vaticinium*: Nach der Prophezeiung wirft der Vater Alexander nicht gleich ins Meer (S. 100), sondern fordert ihn am nächsten Tag zu einer Spazierfahrt auf. So kann der Sohn sich vorsehen (XV 26–31). – *Amici*: Ludwig ist nicht Sohn des Königs von *Israel* (S. 105), sondern von *Zipperland* (XV 150). – Ludwig tötet seine Kinder nicht (S. 122), sondern versorgt ihre Wunden, als er ihnen die Hälfte ihres heilsamen Blutes entnommen hat (XV 432–436).

2. Zur Überlieferung

Von der hier edierten deutschen Bearbeitung der ›Historia‹ ist bisher nur ein einziger Textzeuge bekannt. Die Handschrift 104 der Gießener Universitätsbibliothek umfaßt 203 gut erhaltene einspaltig beschriebene Papierblätter im Format 20,5 × 14,5 cm. Neben den ›Sieben weisen Meistern‹ enthält sie vier weitere deutsche Prosa-Übersetzungen bzw. -Bearbeitungen lateinischer und französischer Erzählliteratur, die alle im 3. Viertel des 15. Jahrhunderts entstanden sind, und außerdem einen medizinischen Text, die ›Ordnung der Gesundheit‹. Es handelt sich um eine Buchbindersynthese von 4 Faszikeln, die zwischen etwa 1420 und 1473 im Bodenseegebiet entstanden sind. Das beweist der Wechsel von Papiersorten verschiedener Herkunft und verschiedenen Alters ebenso wie der entsprechende Wechsel verschiedener Schreiber, der sich in Änderungen des Schriftbildes der Bastarda und des Schriftraums dokumentiert. Zudem kommt eine Erzählung doppelt vor:

Hand A Lagen 2–5, Wasserzeichen 1453:
        1. ›Die Historia von den sieben weisen Meistern und dem Kaiser Diocletianus‹ (Bl. 12^r–57^v).
Hand B Lagen 6–7, Wasserzeichen 1463–64:
        2. Niklas von Wyle: ›Guiscard und Sigismunda‹ (Bl. 60^r–70^v).
        3. Heinrich Steinhöwel: ›Griseldis‹ (Bl. 72^r–84^r).
Hand C Lagen 8–9, Wasserzeichen 1417–21:
        4. ›Ordnung der Gesundheit‹ (Bl. 90^r–119^v).
Hand D Lagen 10–16, Wasserzeichen: 1475–76:
        5. Heinrich Steinhöwel: ›Griseldis‹ (Bl. 121^r–133^r).
        6. Thüring von Ringoltingen: ›Melusine‹ (Bl. 134^r–202^r).

Niklas von Wyle hat ›Guiscard und Sigismunda‹,[3] seine zweite Translatze, vor 1464[4] nicht direkt aus Boccaccios ›Decamero-

---

[3] Translationen von Niclas von Wyle, hg. v. ADELBERT VON KELLER, Stuttgart 1861 (Bibliothek des Stuttgarter Litterarischen Vereins 57), S. 80–90.

[4] Der Gießener Codex ist der älteste Textzeuge von Wyles zweiter

ne‹ (IV 1) übertragen, sondern die lateinische Übersetzung Leonardo Brunis als Vorlage benutzt. Auch Heinrich Steinhöwels zwischen 1461 und 1464[5] entstandene ›Griseldis‹[6] geht nicht unmittelbar auf Boccaccio zurück (›Decamerone‹ X 10). Sie beruht auf der lateinischen Fassung Petrarcas. Bei der ›Ordnung der Gesundheit‹[7] handelt es sich um eine gegen 1400 entstandene schwäbische Bearbeitung des ›Regimen sanitatis‹ Konrads von Eichstätt.[8] Thüring von Ringoltingen beendete seine Prosa-Übersetzung des genealogischen Versromans ›Mélusine‹ von Couldrette im Jahr 1456.[9]

Die Handschrift wird auch in den neuesten Arbeiten meist auf das Jahr 1464 datiert, das am Ende der ersten ›Griseldis‹-Abschrift genannt wird. Auf die Worte *Finis est*, mit denen der Text auf Bl. 84[r] abgeschlossen wird, folgen drei voneinander abgesetzte Widmungen von der Hand des ›Griseldis‹-Schreibers: *Din gunst min lon. Hans Harscher – Ich bin gancz eygen Ir peter võ wat – Gantz In Irem willen jacob võ kilchen – 1464.* Das Datum dürfte jedoch nur für die beiden von der Hand B geschriebenen Lagen gelten, die die zweite Translatze und die erste ›Griseldis‹ enthalten. Denn 1975 hat URSULA HESS nachgewiesen, daß für die zweite ›Griseldis‹-Fassung der Ulmer

---

Translatze; vgl. BRUNO STRAUSS: Der Übersetzer Nicolaus von Wyle, Berlin 1912 (Palaestra 118), S. 20; FRANZ JOSEF WORSTBROCK: Niklas von Wyle, in: Die deutsche Literatur des Mittelalters. Verfasserlexikon, 2., völlig neu bearb. Aufl., hg. v. KURT RUH, Bd. 6, Berlin, New York 1987, Sp. 1016–1035, hier Sp. 1024.

[5] Vgl. GERD DICKE: Steinhöwel, Heinrich, in: ²VL [wie Anm. 4], Bd. 9, 1995, Sp. 258–278, hier Sp. 264f.

[6] Ausgabe: HESS, S. 176–239.

[7] Ausgabe: HAGENMEYER, S. 280–450.

[8] Vgl. MANFRED PETER KOCH u. GUNDOLF KEIL: Konrad von Eichstätt, in: ²VL [wie Anm. 4], Bd. 5, 1985, Sp. 162–169, hier Sp. 166f.

[9] Thüring von Ringoltingen: Melusine, nach den Handschriften krit. hg. v. KARIN SCHNEIDER, Berlin 1958 (Texte des späten Mittelalters 9); vgl. JAN-DIRK MÜLLER: Thüring von Ringoltingen, in: ²VL [wie Anm. 4], Bd. 9, 1995, Sp. 908–914.

Zainer-Druck von 1473 benutzt worden sein muß. Dazu passen die neuen Datierungen der Wasserzeichen durch ULRICH SEELBACH im Gießener Katalog.

Wenn wir auch für die von den Händen A und C geschriebenen Texte annehmen dürften, daß die Datierung der Wasserzeichen auf die Zeit der Abschrift verweist, dann wäre die hier edierte Fassung der ›Sieben weisen Meister‹ kurz nach der Mitte des 15. Jahrhunderts abgeschrieben worden. Das Wasserzeichen des Papiers, auf dem die ›Meister‹ geschrieben wurden, läßt die Buchstaben I und O in einem Kreis mit Kreuzstange erkennen, Varianten eines Typs, der 1453 und 1455 in Oberitalien belegt ist.[10]

Bereits 1984 gelang es SEELBACH, die genannten Personen zu identifizieren und damit den Weg der ›Griseldis‹ vom Autor zum Publikum nachzuvollziehen: Hans Harscher, ein Ulmer Kaufmann und Mitglied des großen Rates der Stadt, war mit Steinhöwel verschwägert und geschäftlich verbunden. Von ihm erhielt er eine Abschrift oder fertigte sie selbst an und gab sie, mit der bekannten Widmung versehen, an den Nürnberger Kaufmann Peter von Watt weiter, Teilhaber der Hoffmann-Fladung-Gesellschaft – wie auch Konrad von Kilchen, der ältere Bruder Jacobs (* 1442). Jacob hat den Faszikel mit der ersten ›Griseldis‹-Fassung 1464 besessen und eigenhändig abgeschrieben.

Auch er »hatte wohl vorgehabt, die Handschrift weiterzugeben – warum sonst sollte er eine Widmung unter den Text setzen? –, doch ist er [...] nicht dazu gekommen, sein Vorhaben auszuführen« (SEELBACH, S. 51). Im Einband der Handschrift befindet sich ein Brief des Lindauer Patriziers Hans von Stein an seinen Schwager Konrad von Kilchen aus dem Jahr 1470. Außer ihm kommt aus seiner Familie als Auftraggeber der Handschrift nur sein Bruder Jacob in Frage. 1473 lebte er noch im Hause des Bruders und war auch an seinen Geschäf-

---

[10] CHARLES-MOISE BRIQUET: Les filigranes. Dictionnaire historique des marques du papier dès leur apparition vers 1282 jusqu'en 1600, Leipzig ²1923, Bd. 3, Nr. 9505.

ten beteiligt. »Doch Jacob hatte es gewiß nicht nötig, eine schon in seinem Besitz befindliche Handschrift für sich selbst abschreiben zu lassen« (SEELBACH, Handschrift, S. 57). So ist es am wahrscheinlichsten, daß Konrad von Kilchen die Abschrift von ›Guiscard und Sigismunda‹ und der ersten ›Griseldis‹-Fassung in Auftrag gegeben und die übrigen Texte gekauft hat. Er war »der Erstbesitzer der aus diesen Texten zusammengestellten Sammelhandschrift« (ebd.).

Konrad von Kilchen wurde in Basel geboren. Um die Mitte des 15. Jahrhunderts erwarb er in Lindau das Bürgerrecht. Er war als Tuch- und Eisenhändler tätig und 1463 an der Nürnberger Firma Cyriak und Peter Hoffmann – Peter Koler beteiligt. Auch sonst besaß er Anteile an verschiedenen Gesellschaften, an der kleinen Herrschaft Schwabelsberg und seit 1475 am Grönhaus zu Lindau und an einem Gut zu Härkersweiler. Zudem war er Inhaber des Bades zu Heimersreuti: »Kommerz und Connubium verbinden die von Kilchen mit den vornehmsten Geschlechtern der südwestdeutschen Handelsstädte« (ebd., S. 56).

3. Zur Schreibsprache

Die Schreibsprache hat SEELBACH im Katalog als niederalemannisch mit schwäbischen Einflüssen bestimmt und besonders auf den Bodenseeraum hingewiesen. Auffällig ist das Schwanken im Bereich der mittelhochdeutschen Langvokale *î*, *iu* und *û*, die im Bairischen schon seit dem 12. Jahrhundert in die für das Neuhochdeutsche typischen Diphthonge *ei* [ɛe] (später zu *ai* [ae]), *eu* [oi] und *au* [ao] übergingen. Im Schwäbischen setzte sich die Diphthongierung im Laufe des 15. Jahrhunderts durch, während die benachbarten alemannischen Gebiete zu dieser Zeit auch in der Schreibung noch die alten Formen bewahrten.[11] Im Falle von *î*/*ei* stehen alte und neue

---

[11] Vgl. KARL BOHNENBERGER: Zur Geschichte der schwäbischen

Formen besonders häufig in enger Nachbarschaft: *sein* neben *sines* (R [= Rahmen], Z. 24/25), *wishait, wis, wißhait, wisen, wißhit* neben *weisen* (R 23ff.), *alle sein kùnsten* neben *alle sin kùnst* (R 36–38), *Des glichen* neben *des gleichen* (R 41–43). Das gilt in geringerem Maß auch für *iu/eu: ùch* neben *euch* (R 76/73), *ain gùt krùt* neben *eynes gùten krautes* (X 45/47). Dagegen wird altes *û* nur selten diphthongiert: *gepraucht* (X 66) und *kaum* (XI 21), aber häufig *ùff* (R 87).

Auch die Graphien für die mittelhochdeutschen Diphthonge *ei* [ɛɛ] und *ou*, die im Neuhochdeutschen als *ai* [ae] und *au* [ao] erscheinen, schwanken: *keiser* und *keyser* stehen neben *kaiser* und *kayser* (R 10/19/16/3), *ein* und *eyner* stehen neben *ain* und *aynes* (R 3/16/3/4); *geloubest* (VI 37) steht neben *gelaub* (VI 13). Das mhd. Suffix *-heit* tritt gewöhnlich in der vollen Form mit Diphthongwandel auf: *wishait* (R 15); bisweilen begegnet auch die Form mit abgeschwächtem Vokal: *wißhit* (R 31, 34, III 46), *bößhit* (I 67), *haimlichit* (IX 37) und *krankhit* (XV 225, 318).[12]

Wie die folgende Übersicht zeigt, erlaubt die regellose Verwendung übergeschriebener Zeichen in der Handschrift keinen sicheren Rückschluß auf die Herkunft der Vokale:

ä entspricht

mhd. *ë*:   *dän* (I 34)
mhd. *e*:   *händen* (IV 22)
mhd. *æ*:   *käm* (II 42), *wäri* (XIII 10)

Mundart im XV. Jahrhundert. Allgemeines und Vokale der Stammsilben, Tübingen 1892; WERNER BESCH: Sprachlandschaften und Sprachausgleich im 15. Jahrhundert. Studien zur Erforschung der spätmittelhochdeutschen Schreibdialekte und zur Entstehung der neuhochdeutschen Schriftsprache, München 1967 (Bibliotheca Germanica 11), S. 75–79.

[12] Vgl. FRIEDRICH KAUFFMANN: Geschichte der schwäbischen Mundart im Mittelalter und in der Neuzeit. Mit Textproben und einer Geschichte der Schriftsprache in Schwaben, Straßburg 1890, S. 117.

3. Zur Schreibsprache

i̇, ẏ (in der Ausgabe *y*, siehe unten S. XXIII) entsprechen

mhd. i: *in* (II 21); *mẏnniglich* (R 5)
mhd. î: *wi̇b* (R 4), *zi̇t* (R 6); *drẏen* (R 43), *bẏ* (II 55)
mhd. ie: *vi̇l* (II 9)

ȯ, ó entsprechen

mhd. ö: *möchten* (I 46)
mhd. ô: *hörti* (R 48)
mhd. œ: *römischen* (R 4); *erstören* (I 33)
mhd. oi: *fröd* (II 36)
mhd. ou: *fröwen* (II 53)

u̇, ú, v̇, v́, ẇ, ẃ entsprechen

mhd. u: *sün* (R 14); *süns* (R 20); *v́rlawb* (R 52)
mhd. ü: *müg* (R 15); *v́bel* (VI 40); *künigs* (R 4); *v́ber* (R 14)
mhd. û: *u̇ßrichten* (R 34); *trẇrens* (R 92)
mhd. iu: *früden* (R 113; vgl. die Anm. z. St.), *lüff* (II 51; vgl. Mhd. Gr., § 35 A.2), *úch* (II 60), *hút* (II 64); *drẏ* (II 8); *v̇wer* (XIII 183); *bedẅt* (III 24), *nẇr* (R 173), *hẅu* (VIII 64), *trẅ* (VIII 128)
mhd. uo: *wüchs* (R 7), *zü* (R 22), *gút* (R 48); *für* (II 60); *frẇ* (VIII 81)
mhd. üe: *dyemütiglichen* (R 11), *betrübt* (II 58)

Im Bereich der Konsonanten trifft man auf die für das 15. Jahrhundert typische westoberdeutsche Schreibung von *p* für mhd. *b* im Silbenanlaut (*pat, gepar, verporgen*), die anlautend auch im Schwäbischen auftritt.[13] Der im Bairischen häufige Wechsel von *b* und *w* für mhd. *b* wäre nur für *offenwarl-en* (R 99; R 147; VI 76; VII 34; VIII 32; XIII 181; XV 60) zu erwägen. Da hier Formen mit *b* völlig fehlen und der Wechsel in keinem anderen Wort vorkommt, dürfte die Laut- bzw. Schreibform in diesem Fall durch die Vorstellung von ›wahr‹ beeinflußt sein.

---

[13] Vgl. ebd., S. 178.

Auf westoberdeutsche Herkunft weist auch der einheitliche verbale Dentalplural auf *-nt*.[14] Das ererbte mhd. *-t* der 3. Pl. Präs. wird auch in der 2. Pers. (*ir nement*) – auch des Imperativs (*merkent*) – und im Präteritum (*giengent, erkantint*) verwendet (für die 1. Pl. fehlen Belege). Auffällig ist, daß sechsmal in der 3. Sg. Prät. auf das Präteritalflexiv *-t-* anstelle von *-e* das Personalflexiv des Präsens *-et* folgt (*er hofftet*, I 11; ebenso I 49, III 35, V 80, VII 81, XIII 106). Umgekehrt wird in *machenten* (R 53) das Personalflexiv der 3. Pl. des Präsens *-ent* mit der (im Textzusammenhang zu erwartenden) angeschlossenen Präteritalendung *-ten* verschmolzen. Das Part. Prät. von mhd. *sîn* lautet in der Regel *gewesen*, einmal *gesin* (XV 235), einmal *gesein* (VIII 111). Auch das deutet in Verbindung mit den bereits genannten Daten auf das Schwäbische.[15]

4. Zur Textgestaltung

Die skizzierte sprachliche Beschaffenheit der überlieferten Textfassung läßt eine weitergehende Normalisierung weder als möglich noch als wünschenswert erscheinen. Wortlaut und Schreibung der Handschrift werden daher in der Ausgabe im wesentlichen beibehalten. Von dieser Regel ausgenommen sind Fehler und Abkürzungen: Eindeutige Fehler werden korrigiert, die Korrekturen durch Kursivdruck hervorgehoben und die handschriftliche Schreibung im Apparat vermerkt. Eindeutige Abbreviaturen werden stillschweigend aufgelöst: das Kürzel ⁹ für *us* (*Poncian*⁹ = *Poncianus*), der Nasalstrich ¯ für *m* (*ainē* = *ainem*) oder *n* (*dañ* = *dann*), der Strich ¯ über Konsonant für *e* (*bedenk̄n* = *bedenken*, *ander̄n* = *anderen*), das Häkchen ' für *er* (*h'r* = *herr*) oder *r* (*h'eren* = *herren*).

Ein nicht befriedigend lösbares Problem verursachen die übergeschriebenen Zeichen, da die Vielfalt der handschriftli-

---

[14] Vgl. BESCH, S. 310–314; Frnhd. Gr., §§ M 94–95.
[15] Vgl. BESCH, S. 324–326, Frnhd. Gr., § M 149.

4. Zur Textgestaltung

chen Formen bei der typographischen Umsetzung auf wenige Typen reduziert werden muß. Im Einzelfall zwingt das den Herausgeber nicht selten zu willkürlichen Zuordnungen. Eindeutig erkennbare Superskripte wie in *kånten* (IX 38), *gelåssen* (IV 26), *kőmen* (V 11), *verkőffen* (V 11), *őch* (IX 38), *hőwbt* (I 47) und *sůn* (R 79) werden beibehalten. Eindeutig erkennbar und daher ebenfalls beibehalten ist auch der Apex. Mit wenigen Ausnahmen (*berâten* XI 12; *tôr* IV 52; *nôt* XIII 130) wird er gleichermaßen für mhd. *ë*, *e* und *ê* verwendet: *lêket* (II 34), *schêrer* (VIII 154); *rêtten* (R 110), *zênen* (III 14), *wêret* (XI 14f.), *erstêcket* (XIV 103), *wêlden* (XV 95), *ernêret* (XV 114); *vnêr* (R 121), *lêr* (II 12), *êr* (VIII 153, XV 21), *lêre* (IX 104), *lêrti* (XV 4), *gelêrten* (XV 10).

Die Schreibungen der übrigen Superskripte gehen jedoch ineinander über: von kringelartigen Formen, die einem rudimentären *e* (links offener Kreis über Punkt) oder *o* (links offener Kreis) ähneln, über schräge Parallelstriche (˝) bis hin zu schräg gegeneinander versetzten Doppelpunkten (¨), die am häufigsten vorkommen. Da oft verschiedene Superskripte in gleichen Wörtern begegnen, lassen sich die undeutlichen Formen auch mit Hilfe der historischen Lautlehre nur selten eindeutig zuordnen. Deshalb erscheinen alle genannten Formen in der Ausgabe einheitlich als Schrägtremata. Entsprechend werden schräg verlaufende einfache Striche (´) und einzelne Punkte einheitlich als Einzelpunkte wiedergegeben. Bei *i* und *y* wird die Formenvielfalt auf *i*, *ï* und *y* reduziert.

Eigennamen und Satzanfänge werden in der Handschrift meist mit Anfangsversalien ausgezeichnet, in der Ausgabe geschieht das konsequent. Der Schreiber hat eine auch in anderen Handschriften dieser Zeit anzutreffende, nicht regelmäßige Vorliebe für die Großschreibung von Wörtern, die mit *s* oder *r* beginnen (*Sun, Ritter, Reich*). Sie werden in der Ausgabe stets kleingeschrieben.

Zur Erleichterung der Lektüre wird eine moderne Interpunktion eingeführt. Anstelle der dabei verwendeten Kommata, Fragezeichen, Ausrufezeichen und Schlußpunkte stehen in der Handschrift fast immer einfache hochgestellte Punkte (·) bzw. Versalien am Anfang des folgenden Wortes. Zur besseren Lesbarkeit sind Absätze eingezogen. Rubriken werden durch größeren Schriftgrad hervorgehoben, unterstrichene Namen erscheinen im Sperrsatz.

Zahlreiche Lücken, die beim Abschreiben versehentlich in der Handschrift entstanden, sind nachträglich sorgfältig ergänzt worden. Diese Nachträge befinden sich gewöhnlich über der betroffenen Zeile, dann steht im Apparat nur *Nachtr.*; marginale Nachträge sind eigens vermerkt. Streichungen werden nicht vermerkt, wenn sie eindeutig auf einer Verschreibung beruhen, die der Schreiber noch in derselben Zeile korrigiert hat (z. B. R 108: *die worhait des stir gestirnes*). – Syntaktisch und stilistisch auffällig ist die häufige Ersparung des Subjektpronomens der dritten Person.

Den fünfzehn Erzählungen entsprechend ist der Text in fünfzehn Kapitel unterteilt, dazu kommen die Abschnitte der Rahmenerzählung vor der ersten sowie vor und hinter der letzten Binnenerzählung. Auf den Text folgen Anmerkungen zur Stoffgeschichte der einzelnen Exempel. Fortlaufend unter dem Text stehen zwei Apparate. Der erste enthält Bemerkungen zur Textgestalt, der zweite bietet kurze Erläuterungen zu Wörtern, die in Form oder Bedeutung der Erklärung bedürfen. Dabei läßt es sich nicht verhindern, daß der eine Leser auf ihm überflüssig Erscheinendes stößt, während dem anderen weitere Erläuterungen hilfreich gewesen wären. Weitere Belege für alle angegebenen Bedeutungen finden sich in den großen Wörterbüchern (DWb, ²DWb, Frnhd. Wb., BMZ, Lexer).

5. Literaturverzeichnis

a) Literatur zu den ›Sieben weisen Meistern‹

Die ältere Forschungsliteratur zu den ›Sieben weisen Meistern‹ findet man bei HANS R. RUNTE, J. KEITH WIKELEY u. ANTHONY J. FARRELL: *The seven sages of Rome* and *The book of Sindbad*. An analytical bibliography, New York, London 1984 (Garland reference library of the humanities 387). Eine neue, gründlich überarbeitete und erweiterte Ausgabe ist in Vorbereitung.

BELCHER, STEPHEN: The diffusion of the Book of Sindbād. Fabula 28 (1987), S. 34–58.
BENZ, RICHARD: Die sieben weisen Meister. Jena 1911 [u. ö.].
BRANDL, WILLY: Sebastian Wild, ein Augsburger Meistersinger. Weimar 1914 (Forschungen zur neueren Literaturgeschichte 48).
BUCHNER, GEORG: Die Historia septem sapientum nach der Innsbrucker Handschrift v. J. 1342 nebst einer Untersuchung über die Quelle der Seuin Seages des Johne Rolland von Dalkeith. Erlangen, Leipzig 1889 (Erlanger Beiträge zur Englischen Philologie 5).
CAMPBELL, KILLIS: The seven sages of Rome. Edited from the manuscripts, with introduction, notes, and glossary. Boston 1907 (The Albion series of Anglo-Saxon and Middle English poetry [4]).
CASSEL, PAULUS: Mischle Sindbad, Secundus – Syntipas. Edirt, emendirt u. erklärt. Einleitung und Deutung des Buches der Sieben Weisen Meister. Guben, Berlin 1888. ²1890.
CROSLAND, JESSIE: *Dolopathos* and the Seven sages of Rome. Medium Ævum 25 (1956), S. 1–12.
FISCHER, HERMANN: Beiträge zur Litteratur der Sieben weisen Meister. I.: Die handschriftliche Überlieferung der Historia septem sapientum. Diss. Greifswald 1902.
FOEHR-JANSSENS, YASMINA: Le temps des fables. Le Roman des sept sages ou l'autre voie du roman. Paris 1994 (Nouvelle bibliothèque du moyen âge 27).
GERDES, UDO: ›Sieben weise Meister‹. In: Die deutsche Literatur des Mittelalters. Verfasserlexikon, 2., völlig neu bearb. Aufl. Hg. v. KURT RUH. Bd. 8. Berlin, New York 1992, Sp. 1174–1189.
GOEDEKE, KARL: Liber de septem sapientibus. Orient und Occident 3 (1864), S. 385–423.
HAUG, WALTER: Exempelsammlungen im narrativen Rahmen: Vom ›Pañcatantra‹ zum ›Dekameron‹. In: Exempel und Exempelsamm-

lungen. Hg. v. W. H. u. BURGHART WACHINGER. Tübingen 1991 (Fortuna vitrea 2), S. 264–287. Wieder in: W. H., Brechungen auf dem Weg zur Individualität. Kleine Schriften zur Literatur des Mittelalters. Tübingen 1995, S. 455–473.

HILKA, ALFONS (Hg.): Historia septem sapientum. II. Johannis de Alta Silva Dolopathos sive De rege et septem sapientibus. Nach den festländischen Handschriften. Heidelberg 1913 (Sammlung mittellateinischer Texte 5).

KELLER, ADELBERT (Hg.): Altdeutsche Gedichte. Tübingen 1846.

– Hans von Bühel, Dyocletianus Leben. Quedlinburg, Leipzig 1841 (Bibliothek der gesammten deutschen National-Literatur 22).

KRAPPE, ALEXANDER HAGGERTY: Studies on the *Seven sages of Rome*. Archivum Romanicum 8 (1924), S. 386–407; 9 (1925), S. 345–365; 11 (1927), S. 163–176; 16 (1932), S. 271–282; 19 (1935), S. 213–226.

PERRY, BEN EDWIN: The origin of the Book of Sindbad. Fabula 3 (1960), S. 1–94.

ROTH, DETLEF: Kritische Edition der ›Historia septem sapientum‹. Mittellateinisches Jahrbuch 33.2 (1998), S. 261f.

– u. RALF-HENNING STEINMETZ: Eine zweite Handschrift der ›Allegatio septem sapientum‹ (›Libellus muliebri nequitia plenus‹). Zeitschrift für deutsches Altertum und deutsche Literatur 127 (1998), S. 307–322.

RUNTE, HANS R.: From the vernacular to Latin and back: the case of *The seven sages of Rome*. In: Medieval translators and their craft. Hg. v. JEANETTE BEER. Kalamazoo/Michigan 1989 (Studies in medieval culture 25), S. 93–133.

SCHMITZ, [HEINZ-]GÜNTER (Hg.): Die sieben weisen Meister. Mit einem Nachwort. Hildesheim, New York 1974 (Deutsche Volksbücher in Faksimiledrucken A 7).

SCHMITZ, JAKOB: Die ältesten Fassungen des deutschen Romans von den sieben weisen Meistern. Diss. Greifswald 1904.

SPEER, MARY BETH (Hg.): Le roman des sept sages de Rome. A critical edition of the two verse redactions of a twelfth-century romance. Lexington/Kentucky 1989 (The Edward C. Armstrong Monographs on medieval literature 4).

STEINMETZ, RALF-HENNING (Hg.): Der ›Libellus muliebri nequitia plenus‹. Eine ungedruckte lateinische Version der ›Sieben weisen Meister‹ und ihre deutsche Übersetzung aus dem 15. Jahrhundert. Zeitschrift für deutsches Altertum und deutsche Literatur 126 (1997), S. 397–446.

5. Literaturverzeichnis

- Die Hystorij von Diocleciano. In Abbildungen aus dem Codex 407 des Wiener Schottenstifts. Göppingen 1999 (Litterae 118).
- Die ›Hystorij von Diocleciano‹. Eine eigenständige deutsche Version der ›Sieben weisen Meister‹. Zeitschrift für deutsche Philologie 118 (1999), S. 372–390.
- Exempel und Auslegung. Studien zu den ›Sieben weisen Meistern‹. Freiburg i.Ü. 2000 (Scrinium Friburgense 14).
- Studien zu Struktur und Deutung der ›Historia septem sapientum‹ und ihrer deutschen Bearbeitungen. Habilitationsschrift [masch.] Kiel 1997.

b) Literatur zur Gießener Handschrift 104

ADRIAN, VALENTIN J.: Catalogus codicum manuscriptorum bibliothecae academicae Gissensis. Frankfurt a. M. 1840, S. 43, Nr. CIV.

BERTELSMEYER-KIRST, CHRISTA: ›Griseldis‹ in Deutschland. Studien zu Steinhöwel und Arigo. Heidelberg 1988 (Germanisch-Romanische Monatsschrift, Beihefte 8), S. 35–40, 192.

DERENDORF, BRIGITTE: Der Magdeburger Prosa-Äsop. Eine mittelniederdeutsche Bearbeitung von Heinrich Steinhöwels ›Esopus‹ und Niklas von Wyles ›Guiscard und Sigismunda‹. Text und Untersuchungen. Köln [u.a.] 1996 (Niederdeutsche Studien 35), S. 111f.

HAGENMEYER, CHRISTA: Die ›Ordnung der Gesundheit‹ für Rudolf von Hohenberg. Untersuchungen zur diätetischen Fachprosa des Spätmittelalters mit kritischer Textausgabe. Diss. Heidelberg 1972 [1973], S. 28f.

HESS, URSULA: Heinrich Steinhöwels ›Griseldis‹. Studien zur Text- und Überlieferungsgeschichte einer frühhumanistischen Prosanovelle. München 1975 (Münchener Texte und Untersuchungen zur deutschen Literatur des Mittelalter 43), S. 33–37.

KIEPE, HANSJÜRGEN: Die Nürnberger Priameldichtung. Untersuchungen zu Hans Rosenplüt und zum Druck- und Schreibwesen im 15. Jahrhundert. München 1984 (Münchener Texte und Untersuchungen zur deutschen Literatur des Mittelalter 74), S. 182.

SEELBACH, ULRICH: Gießener Handschrift 104. Ein Beitrag zur Publikumssoziologie der *Sieben weisen Meister*, Wyles 2. Translatze, Steinhöwels *Griseldis*, des Hohenberger *Regimen sanitatis* und Ringoltingens *Melusine*. Daphnis 13 (1984), S. 41–57, hier S. 42–46.

- Katalog der deutschsprachigen mittelalterlichen Handschriften der UB Gießen. Gießen 2001, Nr. 104 [im Druck].

STRAUSS, BRUNO: Der Übersetzer Nicolaus von Wyle. Berlin 1912 (Palaestra 118), S. 20, Nr. 4.

c) Handbücher zu den sprachlichen Erläuterungen

BMZ = Mittelhochdeutsches Wörterbuch. Mit Benutzung des Nachlasses von GEORG FRIEDRICH BENECKE ausgearb. v. WILHELM MÜLLER u. FRIEDRICH ZARNCKE. 3 Bände (in 4). Leipzig 1854–61.

DWb = Deutsches Wörterbuch von Jacob Grimm und Wilhelm Grimm. 16 Bände (in 32). Leipzig 1854–1960.

²DWb = Deutsches Wörterbuch von Jacob Grimm und Wilhelm Grimm. Neubearbeitung. [Gepl.] 8 Bände. (Stuttgart,) Leipzig 1965ff.

Frnhd. Gr. = ROBERT PETER EBERT, OSKAR REICHMANN, HANS-JOACHIM SOLMS u. KLAUS-PETER WEGERA: Frühneuhochdeutsche Grammatik. Tübingen 1993 (Sammlung kurzer Grammatiken germanischer Dialekte A 12).

Frnhd. Wb. = Frühneuhochdeutsches Wörterbuch. Hg. v. ROBERT R. ANDERSON, ULRICH GOEBEL u. OSKAR REICHMANN. [Gepl.] 10 Bände. Berlin, New York 1986ff.

LEXER, MATTHIAS: Mittelhochdeutsches Handwörterbuch. Zugleich als Supplement und alphabetischer Index zum Mittelhochdeutschen Wörterbuche von Benecke-Müller-Zarncke. 3 Bände u. Nachträge. Leipzig 1872–78.

Mhd. Gr. = HERMANN PAUL: Mittelhochdeutsche Grammatik. 24. Aufl. Überarb. v. PETER WIEHL u. SIEGFRIED GROSSE. Tübingen 1998 (Sammlung kurzer Grammatiken germanischer Dialekte A 2).

d) Handbücher zu den stoff- und motivgeschichtlichen Anmerkungen im Anhang

AaTh = The types of folktale. A classification and bibliography. ANTTI AARNE's Verzeichnis der Märchentypen (Folklore fellows communications 3). Translated and enlarged by STITH THOMPSON. 2nd rev. Helsinki 1961 (Folklore fellows communications 184).

EM = Enzyklopädie des Märchens. Handwörterbuch zur historischen und vergleichenden Erzählforschung. Bd. 1–4: Hg. v. KURT RANKE. Ab Bd. 5: Begr. v. KURT RANKE. Hg. v. ROLF WILHELM BREDNICH. Bisher 9 Bände. Berlin, New York 1977ff.

LANDAU, MARCUS: Die Quellen des Dekameron. 2., sehr verm. u. verb. Aufl. Stuttgart 1884.

Mot. = STITH THOMPSON: Motif-index of folk-literature. A classification of narrative elements in folktales, ballads, myths, fables, mediaeval romances, exempla, fabliaux, jest-books and local legends. Rev. u. erw. Aufl. 6 Bände. Kopenhagen 1955–58. Bloomington ³1975.

TUBACH, FREDERIC C.: Index exemplorum. A handbook of medieval religious tales. Helsinki 1969 (Folklore fellows communications 204).

Hie fahet sich an die hystoria von den syben wisen maistren vnd dem kaiser Dyocleciano

Ein kayser richsnet ze Rom, genant Poncianus, gar ain wiser man. Der nam ze ainem elichen wïb aynes römischen künigs
5 tochter, die zierlich vnd mynniglich was, die er gar lieb het, die nach ettlicher zït gepar ainen hubschen sün, der ward genant Dyoclecianus. Der knab wüchs fast vnd ward der werlt gar lieb. Nach dem als der knab siben jar alt ward, do ward die kunigin also krank, das sie zweiflet an irem leben. Darvmb sie
10 beschiket iren herren vnd keiser vnd begeret vnd pat in einer pet dyemütiglichen vor irem end, das er ir och verhies, das ze halten. Vnd sie sprach: »Nach minem tod, ist das ir nement nach ewr wirdikit ain andere frawen, so pitt ich euch, das ir die nit lasend gewaltig sein v̇ber vnseren sün, aber das er von ir
15 enzogen werd, das er kunst vnd wishait gelernen müg.« Der kaiser geweret sie irs gepets, vnd darnach in eyner kürtz verschied die keyserin, vnd nach keiserlichen eren ward sie begraben vnd mit grosen klagen vil zït beweynet.

Es geschah ainer nacht, do der keyser an seinem bett lag, do
20 ward er gedenken an das letzt wort der kayserin von sines süns wegen vnd wie er kainen anderen hette dann in allain, der in sölte erben vnd nach im das reich regiren, vnd wie er dar zü bedörffte lernen künst vnd wishait. Des morgens leget der keyser für sein meynung für die weisen sines ratz vnd landherren
25 von sines süns wegen. Do antwürten sie im vnd sprachen: »Herr, hye ze Rom sind syben wis maister, [12ᵛ] dere gleich nit ist vnd all werlt mit ir wißhait v̇bertreffent, denen ir ewern sün süllent enpfelhen.« Der keiser volget irs ratz vnd schiket bald nach den sieben wisen maisteren mit erlicher botschafft. Do sie

---

27 iren *Hs.*

---

24 *ratz*: Gen. Sg. von *rat*.   26 *dere*: Gen. Pl. (Abschwächung von *dero*).

für den keyser kamen, do sprach er zü inen: »Jch hab gehört vnd vernůmen von ewr grosen wißhit. Vnd wan es ist, das jch allain ain aynigen sůn hab, darvmb wil ich in ewch allen enpfelhen, das ir in lerend vnd ziehend, das er durch ewr lere vnd wißhit nach minem tod můge das reich ůßrichten vnd regiren.«

Do antwurt der erst maister genant Panzillas vnd pat den kayser vmb sinen sůn vnd verhieß in ze leren in siben jaren alle sein kůnsten. Des glichen der ander meister pat, genant Lenzillus, und gelobet in ze leren alle sin kůnst in sechs jaren. Der dritt maister, genant Katho, des gleichen den kaiser pat vmb sinen sůn, vnd verhieß in ze leren sin kunst in fünff jaren. Des glichen der vierd maister, genant Maldach, vnd verhies in ze leren in vier jaren. Darnach pat der funft maister des gleichen vnd in ze lern in dryen jaren, genant Isopus, der sechst maister, Cleophas genant, des gleichen in zwayen jaren. Aber der sibend maister, genant Joachim, für die anderen pat gar ernstlich vmb des kaisers sůn vnd verhies, sinen sůn ze leren sin kůnst in ainem jar.

Do der kaiser das hörti vnd sich bedacht, wie es nit güt were, wo er sinen sůn allein eynem enpfulhe vnd nit auch ainem anderen, vnd darvmb danket er jnen allen ir guten willen vnd enpfalh inen allen siben sinen sůn. Vnd mit groser erwirdikit [13ʳ] namend sye ůrlawb vnd fůrtend den sůn mit jnen in ir schul, do sie im ein besunder zierlich wonung machenten, das in yemant bekumret oder hindrete an siner lere, vnd in die selbig heimlich wonung vnd kameren stalten sie im sein pett enmitten, das er allzit möcht ansehen die wend, dar an ein yglicher meister beschriben vnd formiret hettint ir kůnst, dar ab er synnet vnd leret als von eynem bůch.

Jn der zit der syben jaren, nach rat der lantzherren vnd der weisen, nam der keyser ain andre eliche frawen, ains künigs

---

31 grose *Hs.*

---

34 *das reich ůßrichten*: ›die Reichsgeschäfte besorgen‹.   53 *machenten*: Kontamination von Präsens- und Präteritalendung (vgl. oben S. XXII).   57 *formiret*: ›abgebildet‹.   59 *lantzherren = landherren* (24).

tochter, zierlich vnd myneglichen gestalt, das der kaiser sines
laids vnd vnmutz vergaß, das er vor vmb die erste künigin het
gehebt. Da sie bede vil zit beyenander warn gewesen vnd die
kayserin noch vnfrüchtber was aines kindes vnd höret tegli-
chen, wie der kaiser eynen sün het ze schül bey syben weisen
maistren, davon sie enpfing grosen vnmüt vnd gedacht tag vnd
nacht, wie si in mochte vmb sein leben bringen, das er nit
möchte regiren vber sie vnd über das reich nach dem tod des
keysers.
    Es füget sich ainer nacht, da sie bede bey enander lagen, das
ir der kayser verhies, wes sie in pet, das wölt er sie beweren.
Do die keyserin das erhörte, do sprach sie zu im: »Lieber herr,
als ir wissent, das ich gantz trostlos pin vnd kain kind bey euch
hab, so ir aber aynen sün habend in der schül bey syben mais-
tren, den jch für minen aygen sün schetze vnd halt, bitt jch
üch, das ir mich mines vnmüts ergetzent vnd nach im sendint,
daz jch von im müg erfrewet werden, vntz das mich got
erfrew.« Do sprach zu ir der kaiser: »Jn vil zit vnd jaren [13ᵛ]
hab jch minen lieben sün nye gesehen, vnd ich auch dasselb
beger. Du solt diner gebett geweret sin.« Des morgens schiket
der kayser bald sein maiestet mit briefen vnd gepot, das die
meister bey leib vnd güt wider vmb prehten vnd antwürten
sinen sün.
    Do die maister des kaysers willen vnd ernst vernümen, da
giengent sye des abends vnd nachtz zü besehen das gestirne des
himels vnd der planeten vnd der zaichen aygenschaft, vnd er-
kantint dabey: Wer es sach, das sy den sün üff die zit vnd tag
zü dem kayser nit prechtend, das sie ir leben müstend verliren,
fürtent aber sie jn mit inen, so müst er sterben, wann die kai-
serin het es also angesehen. Darvmb die maister betrübt waren
vnd sich nit so frölich fürbas beweisten dem keysers sün als

---

62 vnd *Nachtr.*   79 mine *Hs.*   88 den *Hs.*   88 nit *Nachtr.*

80f. *schiket ... sein maiestet*: ›machte sein herrscherliches Recht gel-
tend‹.   82 *antwürten*: ›übergäben‹.   90 *angesehen*: ›beabsichtigt‹.

vor. Darvmb er sie fröget die sache ir trwrens vnd bekümerniß, vnd do er von den maisteren alle sach vernam von des gepotz wegen des keysers vnd bedúten des gestirnes, das es an
95 seh das leben ze beder tailen, do sprach er zü inen, er wölte des selben nachtes öch das gestirne ansehen vnd dar durch erkennen, was ze tün were.

Also sah er, daz die meister war hatten gesait, aber aïnes mer, das er jnen offenwaret des morgens vnd sprach: »Jr ha-
100 bent recht erkent vnd gesehen, aber aines mer erkenn ich an ainem klainen sternen. So ich küm zü dem kaiser, minem vatter, mit euch, mag jch sin syben tag an rede, so frist ich min leben, nü so ewr syben sind vnd eynem yeglichen ain klain ding ist, mit siner wißhait [14ʳ] mich üffenthalten bey dem le-
105 ben aynen tag, wann jch alle tag wird verurtailt vnd gefüret zü dem tod. Aber an dem achten tag, so wirt mir erlawbet ze reden, das mich vnd euch ist behalten bey dem leben.« Do die maister sahen die worhait des gestirnes vnd erkanten die wishait des jünglinks, do versprach im ein yeglicher, aynen tag ze
110 retten sin leben.

Also kamen sye all, die syben maister mit dem junglich, gar erwerglichen zu des kaisers stat vnd palast, da sye mit grosen volk im engegen komend mit groser zierd vnd früden. Der kaiser viel sinem sün vmb den hals vnd enpot im sinen küß,
115 vnd setzet in in sinem palast an sein seyten vnd fraget in von siner lere vnd von sinen maistern vnd von sinem wolmügen vnd des gleichen. Der sün neyget sein howbt dyemütiglichen vnd gab im kein antwürt. Des verwundret sich der kayser vnd gedacht: ›Vil licht haben im sin maister verpotten ze reden an
120 iren rat?‹ Vnd doch ward er betrübt, das er in lang nye gesehen het vnd in erlich enpfangen hett vnd im die vnêr vnd smehe enpot, das er mit im nit wolt reden.

94f. *an seh:* ›betreffe‹, vgl. Anm. zu XV 279.   112 *erwerglichen:* ›ehrerbietig‹, zu mhd. *êrbæreclîchen*.   113 *früden:* ›Freuden‹, diese seltene Form auch 1476/77 in Arigos Decameron-Übersetzung (Heinrich Steinhöwel: Decameron, hg. v. ADELBERT V. KELLER, Stuttgart 1860, S. 16, Z. 15f.; S. 17, Z. 17).

Vnd darvmb, do das sah vnd merket die keyserin, do ward
sie frö vnd schůf so vil vor dem keyser vnd sprach: »Herr,
125 lasend mir ewren sůn, vnd hat er nye geredet, so wil ich in
machen reden.« Also nach des kaisers willen vnd günst nam
sie den jünglich bey der hand vnd furt in in jr kamern allain
vnd satzt in zü ir uf das bett vnd sprach: »Min aller liebster
junglich! Jch hab vil gehört von diner schöne, das ich nün
130 erkenn vnd sihe mit den owgen, das min hertz begeret. Vnd
wiss, das ich mit dem kayser, dinem vatter geschaffet han,
[14ᵛ] das er nach dir gesendet hat, das jch mich möchte er-
fröwen mit dir vnd mit enander früntlich reden vmb alle heim-
likit mines hertzen. Vnd dar vmb so pitt ich dich, das du mir ze
135 erkennen gebist ŏch dinen früntlichen willen vnd das mit mir
wöllest reden.«
Aber er gab ir kain antwůrt vnd swaig still. Do sie das
merket, da viel sie im vmb den hals zü ainem küss vnd sprach:
»O du aller adeligster jünkling Dyoclecian, ain halbtail miner
140 sel vnd gantzer trost, wie hab ich vmb dich beschuldet, das du
mit mir nit wilt reden, so ich dir doch erzaig alle zeichen der
liebe? Nim war, vns siht nyemand, wir sind an alle sorg! Sih an
min schönen wisen leib, mine brůstli vnd min grose begird vnd
lieb, die jch zü dir han, dar vmb ich nach dir gestellet hab, das
145 du her kůmen pist! Dar vmb pitt jch dich, das du tuest nach
minen willen. Vnd ob du nit wöllest mit mir reden, so nim hie
dinten vnd papir, dar an schreib vnd offenwar mir deine may-
nung.« Do schreib er vnd sprach: »Got sey da vor, das jch den
garten mines vatters zerstör vnd daran frefli.«
150 Do die kayserin den brief las vnd merkete, das sie von im
versmeht was vnd weder mit worten noch werken ir begird
mochte schaffen, do zezert sie sein geschrift vnd ir antlüt vntz
ůf das blüt vnd warf die stüchen irs howbtz von ir vnd schrey

---

141 wilt] t *Nachtr.*

---

124 *schůf so vil vor dem keyser*: ›fädelte beim Kaiser ihre Intrige ein‹.
139f. *ain halbtail miner sel*: Horaz nennt Vergil *animae dimidium meae*
(Ode I 3, v. 8).   153 *stüchen*: zu mhd. *stûche* ›Kopftuch‹, ›Schleier‹.

mit lûter stimm zu iren jungfrawen vnd diensten, das sye
155 kömend vnd ir hülfend, wann diser jünglich wölt sie vber
nöten ze sünden vnd an der keyserliche wirdikit frefelen.

Diß geschrey vnd klag kam für den kayser, [15ʳ] darvmb er
beschiket, die keyserin zu verhören, was sach irs geschrey vnd
klag were. Do antwürt sie vnd sprach: »O herr, gnad beger ich.
160 Jch wont ewrn sün reden machen, das wir möchtend fröd von
im enpfahen vnd trost, darvmb ewer gnad nach im gesendet
hat. Vnd so jch wen, er wölt mit mir reden, so begreift er mich
vnd wil mich mit gewalt nachzühtigen. Vnd do jch an fieng ze
schreyen, wann ich mich sein nit mocht erweren, do viel er in
165 min howbt vnd antlütz, das ich beroubet pin miner zierd des
howbtz vnd antlütz, das mit plüt vbergossen ist, als ir mich
sehend.«

Do das der kaiser höret vnd sie also elendiglich vnd so be-
trubt vor im sah vnd smehlich gehandlet, do wart er böß vnd
170 in im ergrymmet vnd gepot ettlichen sinen knechten, das man
in heymlichen solt töden. Das erhörtend die wisen vnd rat des
keysers vnd hindreten das vnd sprachen: »Herr, gedenkend,
das ir nẅr habend ainen sün, vnd ist nit güt, in so ringlich ze
töden an recht. Vnd dar vmb pitten wir, das ir in morgen für
175 recht stellend. Villicht so er sicht, das es im an sein leben gat,
so wird er reden vnd sich selbs versprechen.« Also der kayser
ward gestillet vnd hies in des nachtes in gefanknß legen vntz
morgen.

Do das die keyserin horet, do ward sie betrübt vnd wainet
180 pitterlichen, das sie nyemand getrosten kond, vnd gieng in ir
kamer. Do der kayser slafen wolt, da vand er sie waynen in der
kamer. Er fraget sie, was sach es wer irs leydens. Do sprach sie:
»Von der grosen smachait vnd vneer wegen, die mir ewer sün
erzaiget hat, dar vmb er den tod [15ᵛ] pillichen verschuldet hat

---

158 zu verhören *Nachtr.*   159 ich *Nachtr.*

---

159 *wont*: ›wähnte‹ (vgl. I 53, XV 314).   163 *nachzühtigen* = mhd.
nôtzühtigen.   174f. *für recht stellend*: ›vor Gericht stellt‹.

185 vnd verfallen ist nach ewr erkantniß, vnd jch hab gehört, wie
er noch sey in leben. Dar vmb sag ich üch für war: Lasend jr in
lenger leben, so geschiht euch mit im, als aynem geschah mit
aynem alten bŏm vnd aynem iüngen bŏmlin.« Der kaiser
sprach: »Diß bispel beger jch von dir zŭ hören.« Also fing an
190 die kayserin das bispel vnd sprach:

I. Arbor
Der kaiserin erst bispel vnd exempel, das sie saget dem kayser

»Es was ain bürger in der stat ze Rom, der hatt ainen schönen
5 bŏmgarten. Dar jnnen was gar ein edler bŏm, der alle iar
frucht gab. Des frücht aigenschaft was, welher üßsetziger da
von ass, der ward gesund. Es fügt sich aines tags, das der
bürger in den garten gieng vnd den bŏm besach vnd sicht vnder
dem bŏm ain jŭngs bŏmlin. Do rŭfet er dem gartner vnd en-
10 pfalh im das jüng bŏmlin, mit fliß das ze versorgen, wann er
hofftet, besser frücht von im wartend sein, denn von dem alten
bŏm. Do sprach der gartner: ›Das sol sein‹.

Darnach aines anderen mals da gieng der bürger aber in den
garten vnd besah das bŏmlin vnd merket, das es nit wŭchsi, als
15 es sölti. Do sprach der gartner zŭ im: ›Herr, es ist nit ain
wünder, wann der alt bŏm ist lang vnd brait mit esten, das der
luft es nit berüren mag.‹ Also hies der herr den alten bŏmen
stümelen. Darnach aber ainer anderen zit gieng der herr in sei-
nen garten vnd sah, das daz jüng bŏmlin nichtz gewachsen was
20 dester mer. Das verantwürt aber [16ʳ] der gartner vnd gab
schüld des bŏmes höhi vnd dike, das die sünn noch der regen
darzŭ nit mochtend. Also hies in der herr den bŏmen gantz

---

22 nit *Nachtr.*

---

11 *hofftet*: zur Form vgl. Einleitung, S. XXII. 19 *nichtz*: Partitiver Genitiv des Indefinitpronomens, abhängig von *mer*: ›kein bißchen höher‹. 20 *verantwürt*: ›rechtfertigte‹.

abhawen. Es geschach, das das bömlin auch gantz verdarb, das
es erhörten die armen vnd kranken lùt. Da verfluchtend sie
25 alle, die hilf vnd rat darzü geben hattend, das der edel böm
zerstoret was, der so vil kranken het gesúnd gemachet.

Nù, herr, habend ir gehört das exempel, so merkent yecz
dabey sein ùßlegung: Der edel böm, das sind ir, durch den die
siechen vnd armen hilf hand. Aber daz iüng bömlin ist ewr
30 böser sun, der yetzunt an hat gefangen wachsen an siner lere
vnd flïst sich, als ferr er mag, das er hab luft, das ist werltlich
lob. Darvmb er begeret, die este abzehowen vnd ze letze gantz
erstören ewer person, das er mûge richsnen. Vnd dar vmb es
geschiht, das die kranken denn geben den fluch alle dän, die
35 ewrn sün woltend vnd möchtend ertöden vnd das nit getan
hant. Darvmb rat ich euch vnd pitt, das ir den gewalt praw-
chent, das ir von den armen nit werdent verflùchet.«

Also gefiel diser rat vnd das bispel dem kayser gar wol. Dar
vmb er des morgens gepot, sinen sün mit recht vrtailen zü dem
40 tod. Do das vrtail gefellet ward, vnd in die hende des nachrich-
terz geben ward, do ward ein groß geleuf vnd geschray des
volks, das der aynig sün des kaisers solt ertödet werden. Jn
dem als man in füret, do kam der erst maister von den anderen
syben, die sich enthieltent haimlich an ainem anderen end, da
45 sie alwegen möchten wissen, wie es vmb in stùnd, vnd im
möchten ze hilf kümen. Also kam [16ᵛ] ⟨...⟩.

Vnd do der sün den maister ersah, do neiget er sin höwbt
gegen im, da mit er begeret hilf. Do sprach vnd pat der maister
die in fürtent, das sie nit eyltend, wann er hofftet, er wölt in
50 behalten bey dem leben. Deß erfrewet sich alles volk, vnd hyel-
tend mit im still. Vnd do der maister für den kayser kam vnd in
erwirdiglichen grüset mit worten vnd werken vnd in der kayser
ansah, do wart er zornig ûber in vnd sprach: »Jch wont, jch
wölt minen schatz, minen aynigen sün, haben wol versorget
55 mit dir vnd mit den anderen, das ir in lernent künst vnd wis-

---

30 der *korr. aus* daz.   46 ⟨...⟩ *Lücke durch Seitenwechsel.*   47 er *korr. aus* es.

hait vnd tugent, vnd hab in euch mit trewen enpfolhen, der da kont wol reden. Nů habent ir mir wider vmb geschiket als eynen stůmmen vnd narren vnd als einen půben, der mein frawen, die kayserin, wolt haben benotzogen. Darvmb můß er
60 hůt sterben vnd ir all verderben.«

Do sprach der maister: »Gnediger herr! Min leben ist in ewern henden, daz ich setze fůr das sein, wo jch euch die worhait nit bekenn. Ewer sůn, der bey vns vil iar ist gewesen, der ist bewert in allen kůnsten vnd wishait vnd an allen gepresten,
65 wol redentz vnd in allen tugenden wol gezieret, der ůß siner wishait vnd erkantniß ist also vntz ůff ain zït stillsweigen, wann er erkent die natůr vnd bößhit der frowen vnd besůnder ewr frawen, die jn gegen ewr maiestat vnrecht beklaget hat vnd im ůf sin vnschuldigen tod gat. Vnd darvmb, solt er also ster-
70 ben, so geschehe [17ʳ] ewren gnaden wirser vnd ůbler, denn aynem ritter geschah, der sinen gůten hůnd tötet von siner fröwen wegen, der sinem sůn das leben beschirmet.«

Do sprach der kayser: »Das bispel beger jch ze horen.« Do fieng der maister an vnd sprach:

II. Canis

Das erst bispel des ersten maister

»Es was ein ritter, der hat als ir ain aynigen sůn, den het er so lieb, das er im drey amman zů gab, die sein pflegeten. Er het
5 auch sůst in sinem hus zway ding ůber all maß lieb: das was ain gůter hůnt vnd ainen falken. Der hůnd, was er tier ergraif, die hub er, vntz das der herr kam. Vnd was ŏch der art, wenn der herr wolt riten, solt es im wol ergan, so tett der hůnd drẏ oder vier sprůng vor im. Solt es aber ůbel ergan, so vïl der
10 hůnd dem ross in den swantz vnd schray. Dar nach weste sich der ritter ze richten. Aber den falken het er dar vmb lieb, wann er allwegen da mit fieng vnd kam nyemer lêr haim.

---

56 hab *korr. aus* habñ.   74 maisten *Hs.*

Es geschah ainer zit, das der ritter ůß růfet ainen hof vnd wirtschaft vnder siner bůrg, frölichen ze halten mit tantzen vnd
15 frůden. Dar zů kam vil volks. Vnd do alle ding bereit vnd gerecht waren, do kam er selbs mit siner frawen vnd hofgesind. Vnd des letzten komend öch haimlich des kinds amman vnd liesen das kind allain in der wyegen mit dem hund vnd falken, der da stund ůf der stang in dem sal vnd palast. Es
20 geschah, das ein slang, die da verporgen vil zïtez was, merket, das nyemant in der bůrg was, dann allain das kind ïn der wyegen. Da ging sie hin zu vnd wolt daz kind [17ᵛ] vergiften vnd töden.

Do der falk die slang ersah zu der wiegen kriechen vnd
25 merket öch, daz der hůnt slief, do erweket er den hůnd mit sinen flůgelen, als er sprech: ›Kům dem kind ze hilf!‹ Do der hůnt die slangen ersah bey der wyegen, da viel er ůff sye, vnd strittend mit ain ander also, das die slang baiß den hůnd, das er blůtrůnstig ward allenthalben. Dar vmb der hůnt grymm
30 vnd böß ward vnd fůr so grymmiglichen an die slangen, das ⟨er⟩ die wygen mit dem kind vmb warff. Doch so berůret des kinds antlůt nit die erde, wann die wieg het vier stollen oben. Vnd do der hůnd hette die slangen v̇berwůnden vnd tödet, do leit er sich wider, do er vor was gelegen, vnd lêket daz blůt vnd
35 sin wůnden.

Do nů die wirtschaft vnd fröd ein end hette vnd die drey pflegerin des kinds komend des ersten ingeloffen, do sahen sye die wyegen vmbkeret vnd das ertrich dar vmb blůtig vnd den hůnt. Vnd fiengend an ze schreyen vnd klagen ›Der hůnt hat
40 das kind ertödet!‹, vnd warend nit so fůrsichtig, das kind ze besehen, wie es vmb es stůnde. Aber sie wurden ains, das sie flůhent, er der herr heim käm. Also ůf dem weg bekam inen die fraw vnd froget, wo sie also hin eyltend. Sie sprachen: ›O liebe fraw, es ist laider v̇bel ergangen, wann der lieb hůnd des
45 herren hat ertödet ewer kind, vnd ist der hůnd vnd vmb die wyegen vol blůt.‹

---

33 do der *korr. aus* dor.

---

42 *er*: ›ehe‹, ›bevor‹.

II. Canis 11

Do diß die fraw vnd müter erhöret, do beklaget sie mit
schreyen [18ʳ] vnd weynen kleglichen iren aynigen sün also
yemerglichen, das diß geschray kam für den herren. Darvmb
50 er pald eylet ùff den palast. Vnd do der hünd sinen herren nach
siner gewonhait enpfing vnd engegen lùff also blütig, do zuket
der ritter sin swert vnd tödet in in dem zoren vnd grymm, als
er gehört het von siner fröwen. Do das geschah, do gieng er zu
der wiegen vnd hùb sie ùff, do fand er das kind lebend vnd die
55 toten slangen by der wyegen. Do bey er erkant, das der hünd
die slangen het ertodet vnd dem kind sein leben behalten, den
er ertödt het vnd böß vmb güt geben het. Darvmb er ward
betrübt die tag er lebte vnd setzet im ùff ein ewige büß, das er
von dem land gienge vnd nyemer gesehen ward.

60 Vnd darvmb, herr, sag jch ùch für ware: Wöllent ir eweren
sün laßen töden von ewr frawen wegen, so wissend, das euch
ùblers vnd böser ze handen gat dann disem ritter.« Do sprach
der kayser:»Ein güt exempel hastu mir gesait, dar an mich wol
benùngt; min sün sol hüt nit sterben«, vnd gepot das sinen
65 dyeneren. Also gnadet vnd danket der maister dem kayser vnd
für von dannen.

Do diß die kayserin hörte, das der sün noch lebte, do gieng
sie mit trẁren vnd waynen in ir kameren vnd saß da an allen
trost, vntz bis der kayser zü ir kam vnd sie tröstet vnd fraget
70 die sachen ir betrùbnùß. Sie sprach:»Mich wundert, war vmb
ir fragent, so euch wol ist ze wissen, was verschmeht ich von
ewrm verflüchten sün gelitten han vnd liden müß, vnd habend
in nach recht haisen toden, vnd lebet noch. Jch hab euch ge-
steren ain bispel gesait, wie es eynem bürger übel ergieng. Dar
75 vmb sag ich euch für war: Jch fürcht, es werd euch yetz übler
[18ᵛ] ergen mit ewrem sùn, dann aynem geschah mit aynem
wilden eber.« Do der kayser das bispel von ir begeret ze hören.
Do sprach sie:

---

48 schrẏen *Hs.*

63f. *dar an mich wol benùngt:* ›damit bin ich völlig zufrieden‹, zu
benùngen = *benügen* ›genügen‹, ›begnügen‹ (vgl. DWb I, Sp. 1475f.; IV
1.2, Sp. 3487ff.).

III. Aper
Das ander exempel vnd bispel der kayserin

»Es was ain künig, der hatt ainen wilden walt, dar jnnen lüffe
ain wilder eber, der was so groß vnd böß vnd grymm, das er
nichtz laidet, weder tier noch mensch; er tödet es alles. Dar
vmb der künig lies ůß růfen durch sin rich: Wer den eber
ertödet, der solt haben sin tochter vnd nach im besitzen das
reich. Vnd do nyemand gefunden ward, do kam ain schafhirt
vnd gedacht in im, wie er wölte den eber bestên, das er vnd sin
fründ erhöcht würden.

Er hůb sich ůf vnd gieng in den wald. Der eber begünd in ze
sehen vnd nach loufen mit krefften, das der hirt kőm entran
ůff ainen früchtberen bowmen. Do vieng der eber an, den bow-
men ze hawen vnd schroten mit den zênen, das der hirt vorht,
der bőm würde mit im fallen. Do diß der hirt merket, do warff
er dem eber für die frücht von dem bőmen, so vil, das der eber
vol ward, daz er sich nyeder lait vnd ab lies. Do der hirt das
ersah, do steig er gar still hin ab vnd hielt sich mit ainer hand
an den bőm, aber mit der andren iuket er in als lang, vntz bis
er entschlief. Do nam der hirt sin messer vnd erstach in vnd
praht in für des künigs palast vnd ward im geben die tochter
vnd was herschen nach dem tod des künigs.

Also bey disen eber süllent ir verston ewern grosen gewalt,
dem nyemant mag vor sein. Aber der hirt bedẃt ewrn sün, der
mit sinen listen vnd künst anfahet, euch ze betriegen, darvmb
[19ʳ] er still swiget. Vnd darvmb, als der hirt den eber jücket
vnd machet slafen vnd doch in tödet, also die maister iukend
euch mit falscher red, das zü letzten ewr sün herr wirt über
euch vnd in sinen gewalt kümend.«

Do diß der kayser hörte, do swůr er ir, er müste sterben des
selben tags, vnd gepot aber sinen knechten, in ůß ze fürn zü
dem tod. Do aber ain gros geleuf würd des volks, vnd beklag-
ten den tod des aynigen süns des kaysers. Jn dem als man in

---

28 zü *korr. aus* züm.

füret, do kam der ander maister engegen vnd pat sie, das sie
35 nit eyltend mit im, er hofftet, er wölt in von dem töd erlösen.
Also hieltint sie all still.

Vnd do der maister kam für den kaiser vnd für in knyet vnd
erwirdiglichen grüset, er ward übel als der erst enpfangen von
dem kayser vnd troet im vnd den andern maistern ze sterben,
40 das er jnen sinen sün hette redent geantwurt vnd mit fliß en-
pfolhen, in ze leren künst vnd wishait: »So habend ir ainen
stümen vnd toren üß im gemachet vnd ein püben gezogen, der
min frawen wolt haben zwüngen ze sünden.«

Der maister sprach: »Das erkenne got, war vmb er swiget. Es
45 ist nichtz üf ertrich on sach. Es kümpt schier sin zit ze reden
nach wißhit, vnd denn werdent ir hören, wie euch ewr fraw
betrogen hat. Vnd dar vmb, herr, geschehe im also wider recht
vnd an sach, so wissent, das euch gescheh als ainem ritter, der
von siner frowen wegen ward von vnschuld üf den branger
50 gesetzt aller werlt ze schanden.« Der kaiser ward gütig vnd
begeret das ze hören. Do sprach der maister:

IV. Puteus

Das ander bispel des andren maister, genant Lenzillus

»Es was ain alter ritter hye, der hette ain jüng wib, die er so lieb
hette, das er alle [19ʳ] nacht die hustür selber besloß vnd die
5 slüssel leget vnder sin howbt. Nü in der selben stat was ein
gesetz, wen man des nachtz üf der gassen fand, nach dem als
man die nachtglokken het verlüt, den fürtend die wachter in
die gefankniß, vnd des morgens satzt man in üff den pranger.
Der ritter was alt vnd kalt vnd vermocht frawen schimpf an
10 dem pett nit ze triben. Darvmb die fraw im feind was vnd
suchet ain andre lieb, also das sie vil vnd dik die slüssel des
nachtes nam vnd irn pülen zu ir ließ vnd gieng denn heimlich
wider zü irem mann.

---

34 füret üß *Hs.*   46 ir *Nachtr.*

Es füget sich ainer nacht, das sie also ůfstůnd vnd tet, daran
er erwachet. Vnd do er sie nit fand an dem pett, da gieng er zu
der hustůr, die fand er offen, dar vmb beslöß er sie gar wol,
das sie mit dem slůssel nit in mocht, vnd wartet ir oben in
ainem fenster. Do nů ir zit was, wider haim ze kůmen, do fand
sie die tür beslossen, darvmb sie an klopfet. Do sprach der
ritter: ›Du swache fraw, ietzunt erkenn jch din boßhait, vnd
wiss, das du her in nit kůmest – du můst den wachtern kůmen
zu iren händen.‹

Die fraw erschrak vnd entschůldiget sy vnd sprach: ›Bey der
warhait, so ist mir kömen miner můter junkfrow vnd holet
mich zů miner můter, die in arbait ist zů dem tod; also hab ich
sie ŏch yetzunt gelässen, vnd hab es durch das pesten willen
getan, das ich dich nit wakte. Darvmb pitt ich dich, las mich
ein, ee die wachter kummen.‹ Der ritter sprach: ›Jch sag dir,
erdenk, was dü wöllest, du kůmst mir her in nit. Es ist wäger,
du bůsest hie dann dort in dem fegfewer.‹ [20ʳ] Sie sprach: ›O
herr, jch pitt euch durch got vnd aller frawen ere, das ir mich
yetz erhörent vnd in lasend.‹ Der ritter sprach: ›Du müest dich
selb vmb sůst, du kůmst mir diß nachtz nit herein.‹

Nů bey dem hůs was ein tiefer brünn vnd dabey lag ein
groser stain. Da si höret den willen irs mans, do sprach sie:
›Ach laider, das ich ye geporen ward, das ich zů sölchen schan-
den vnd laster sol kůmen. Dar vmb ist es mir weger, ich er-
trenk mich selber in disem brünnen.‹ Vnd hůb ůff den stein bey
dem prünnen vnd sprach: ›Jch enpfilh min sel got vnd allen
heyligen vnd den leib dem ertrich vnd das gůt in die hend
miner fründ, wann ich lenger nit mag leben.‹ Do sie das ge-
sprach, do warf sie den stain in den brünnen, als sie selbs were,
vnd verparg sich nebend der tůr.

Der ritter, do er höret den fal in den prünnen, do erschrak
er vnd klaget mit wainen sin frawen vnd gieng pald ab, ob er ir
möchte ze hilf kůmen. Vnd so er für die tür kůmpt, so ist sie
behend da vnd gat in das hůs vnd beslůset die tür vnd leget

---

17 den *Hs.*   22 zu *über* in *Hs.*   24 so *Nachtr.*

IV. Puteus 15

sich oben in das fenster, da er vor innen gelegen was. Der ritter, da er bewaynet vnd beklaget het sin frawen vnd ver-
50 flücht het die stünd, in der er die tür het beslossen, vnd widervmb in das hus wolte gan, da fand er die tur beslossen.

Die fraw lachet vnd spottet sein vnd sprach: ›O du alter tôr, wes stast du hie vmb dise zït? Hattest du nit genüg an minem iungen stoltzen lib, das du müst des nachtz gen zu den offnen
55 swachen frawen vnd last mich also eynig on allen trost?‹ Der ritter, do er höret die stym siner frawen vnd das sie noch lebte, [20ᵛ] do ward er frö vnd sprach: ›Gelobet sey got, das du noch lebest! Aber min liebe fraw, nit zeihe mich sölicher ding! Die tůr besloß ich von diner strafung wegen. Jch hette dich den-
60 noch nit also lasen ze schanden werden; ich het dir úf tün vnd zu mir gelan. Vnd dar vmb so pitt ich dich, das du ansehest mine trew zu dir, das ich bald lof, das ich dir ze hilf kem; darvmb laß mich ein!‹

Die fraw sprach: ›Got, der alle ding erkennet, der weiß wol
65 mich vnschuldig, daz ich sölch ding nye getêt, der du mich zeihest. Es ist wol war, als man spricht: Wer gelestret ist, der wölt all andren gelestret sein. Du hast mich sachen geziegen, die du selbs hast getan, vnd dar vmb müst du heynet kümen in der wachter henden, vnd morn die gesetz an dir erfült werden.‹
70 Der ritter sprach: ›Nit also, min liebe fraw! Sölicher sachen ich nye ward geziegen, vnd minen stat mit grosen eren her hab bracht, vnd wer mir vnd dir vnd allen vnserm geschleht ein ewige schand. Dar vmb pitt ich dich, las mich ein!‹

Die fraw sprach: ›Wiss, du swatzest vmb sust. Es ist vil bes-
75 ser, du büsest hie dann dortten in dem fegfür. Du waist wol, nach dem spruch des weisen, das dreyerley sind, die ze strafen seind: Der arm hoffertig man vnd der reich lugenhaftig vnd

---

51 das *Hs.*   51 tur *marg. Nachtr.*   54 das] s *Nachtr.*

---

68 *heynet*: ›in dieser Nacht‹.   71 *stat*: ›Ansehen‹.   76 *nach dem spruch des weisen*: »Tres species odivit anima mea et adgravor valde animae illorum: pauperem superbum et divitem mendacem et senem fatuum et insensatum« (Sir 25,3f.).

der alt narraht man. Was hat dir not getan, das du mir ein
lügne u̇ff gepu̇nden hast, der ich v̇nschuldig pin, vnd als ain
80 alter narr minen iu̇ngen stoltzen leib verschmaht hast vnd von
den swachen frawen aller erst ku̇mist? Vnd darvmb ist es dir
gu̇t, das du hie werdest ge[21ʳ]strafet, das es dir nit werde ge-
sparet nach dinem tod. Vnd darvmb laß ich dich nit ein.‹ Also
in dem fieng man an ze leuten die gloken. Dar vmb der ritter
85 erschrak vnd sprach: ›Min aller liebste fraw, du hörst, das man
yetzunt die glogken lewt; darvmb las mich ein, das ich nit
gelestret werd!‹ Die fraw sprach: ›Das leuten ist ain anfang dei-
ner sel hail; darvmb leid es gedultiglich, wann du ku̇mpst mir
heinet nit her ein.‹
90   Jn dem koment die wachter vnd fiengent den ritter, den sie
fu̇ndent also stan an der gassen. Do das die fraw höret vnd
merket, do sprach sie: ›Jr lieben gesellen, als ir wol wissent, wes
tochter vnd geslecht ich pin, vnd diser alter, min man, verlat
all nacht min pett vnd gat anderswa zu̇ swachen frawen. Vnd
95 hab im das vil v̇bersehen vnd in oft gewarnet. So es aber alles
nit wölt helfen, dar vmb hab ich beslossen da vorn, als ir in
sehent. Dar vmb pitt ich euch, das ir in bu̇sent vnd strafent
nach dem gesetz vnd stat recht.‹ Also ward der ritter vmb
vnschu̇ld gefangen vnd nach dem gesetz gestrafet.«

100 Do sprach der maister zu̇ dem kayser: »Ewr gnad hat nü
wol verstanden diß bispel. Vnd darvmb, todent ir ewren sün
von ewers wibs red wegen, so geschiht euch noch wirser dann
disem ritter.« Der kaiser sprach: »Das was doch ein v̇ber böß
wib, die also iren herren mit falschait hin gab. Darvmb hab ich
105 in minen mu̇t gelait, daz min sün diß tags nit stirbet.« Des im
der maister danket vnd mit groser referentz von dem kaiser
gieng.
    Do diß die kayserin höret, das der sün aber wer zu gnaden
ku̇men [21ᵛ] vnd noch lebet, da gieng sie aber mit grosem laid
110 vnd geschray in ir kameren, da sie weder essen wolt noch trin-

---
110 wolt *über* v̇nd *Hs.*

---
79 *lügne* = *lüge* (< ahd. *lugina* bzw. *lugī*).

ken, aber ir not mit waynen vnd schreyen klaget. Do das kam für den kayser, er gieng aber zü ir vnd tröstet sie vnd froget die sach ir leidens. Do sprach sie: »Ach we mir, das ich ye geporen ward, daz mines vatterz tochter sölich versmächt sol leiden.
115 Doch von ewr grose lieb wegen, die ich zu euch hab, wölt ich es geren leiden, wer es sach oder west ich, das euch nit groß vbel vnd kümer nach volget.«

Der kaiser sprach: »Da vor sey got, daz es mir vbel ergang; du solt sölich ding in din hertz nit setzen, vnd dar vmb biß
120 gütz mütz! Jch laß dich nit, die weil ich lebe.« Die kayserin sprach: »Das ist, das ich fürchte vnd besorge, daz ir nit lang lebend vnd euch bescheh als eynem ritter, der von sines süns wegen wart getödet, vnd doch sin sün in nit wolt begraben.« Do sprach der kayser: »Daz wölt ich geren hören, wie das wer
125 geschehen.« Do fieng an die kaiserin vnd sprach:

V. Gaza
Das dritt bispel vnd exempel der kayserin

»Es was ein ritter, der hat zwo töchtran vnd aynen sün. Der ritter dürch werentlicher ere willen vertet er all sin güt mit
5 dürniren vnd stechen, also das er käm zu groser armüt. Zu den ziten was ein kaiser, Octauianus genant, mechtig vnd reich an gold vnd silber, das er den schatz behielt in aynem festen turen vnd den turen mit dem schatz enpfalh ze hüten aynem anderen ritter.
10 Nü do der sün sah vnd merket, wie sin vatter, [22ʳ] der ritter, zü armüt was kömen, das er sein erb verköffen müst, do sprach der sün zu im: ›Vatter, so wir nü nit mer habend, was süllen wir oder mügen denn anfahen?‹ Der vatter sprach: ›Jch

---

111 ir *Nachtr.*

---

3 *töchtran*: Verbindung des spätahd., mhd. noch alem. belegten a-Plurals (*tohtera, tohtra*) mit dem frnhd. gewöhnlichen n-Plural (*töhteren, töhtern*).   4 *werentlicher* = *werltlicher*.

18 *Die Historia von den sieben weisen Meistern*

waiß ain güten rat. Der kayser hat ain türn vol golds, darzu
15 wöllen wir des nachtz vnd da versúchen mit graben, ob wir
mochtend darzu kümen vnd ob vns got da beryet.‹ Diser rat
gefiel dem sün wol, vnd giengent aynes nachtes vnd prachen in
den turen vnd namend da von dem schatz als vil sie wóltend,
also das der ritter abzalet die schúld vnd widervmb koufet
20 güter vnd fing an ze stechen vnd dúrniren als vor.

Es geschah eynest, das der húter des turens den schatz vnd
den turen beschawet; do ersah er ein loch in dem turn vnd das
vil gütz von dem schatz genümen was. Er erschrak vnd pald
satzet er aynen grosen kessel vol leim vnd pechs für daz loch in
25 wendig, wer zü dem loch ein steygen wolt, daz er müst fallen in
den kessel vnd also gefangen werden vnd verderben. Dar nach
nit über lang zït kam der ritter aber zu armüt vnd v̇berredet
aber sinen sün, daz er mit im gieng zu dem türen vnd im húlf
des schatz mer nemen. Vnd da sie aber aynes nachtes dar zu
30 koment, do staig der vatter vor an vnd fiel in den kessel.

Do er merket, das er nit entrynnen mocht, do warnet er
sinen sün, das er im nit nächnet, daz er nit mit im verdurb. Der
sun erschrak vnd ward betrübt, das er sinen vatter nit kont
noch dorst helfen. Do sprach der vatter zü im: ›Sün, ich pitt
35 dich, das yemand jnnen werd, das ich es sey, so zúh úß pald
dein swert vnd nim von mir das höpt vnd verpirg das also, so
man mich hie findet an howbt, daz man mich nit müg [22ᵛ]
erkennen, dir vnd vnserm gesleht ze schanden.‹

Der rat gefiel dem sün wol, wann er sah, das er sust sterben
40 müst. Do zoh er úß sin swert vnd enthauptet in vnd verwarf
sein hawbt in ain lachen, das ⟨es⟩ *n*yemer gefünden würd, vnd
gieng haim vnd saite das heimlich sinen swesteren. Es geschah
dar nach, das der turenhúter aber beschawet den turn vnd
schatz; do fand er ainen menschen leib an howbt, vnd das
45 wunder kam für den kayser. Do gepót der kaiser, das man den
leichnam pünd an aines ross swantz, vnd den also durch die

---

20 an *Nachtr.*   22 den *Hs.*   das *marg. Nachtr.*   41 uỹemer *Hs.*

16 *beryet*: ›versorgte‹.   32 *nächnet*: ›nahet‹.

gassen der stat zühent vnd eben merktent, wo man in ainem
hůß schrier vnd in bewynöten, die gehörtten im zü, die sölt
man auch all mit im henken.

50 Do er also für sin hůß ward gezogen vnd die tochtren das
sahen, da fiengent sie an ze waynen vnd schreyen ach vnd wee.
Do das ir brüder ir geschray höret, do machet er im ain grose
wunden in ainen schenkel, das er gantz blůtig ward. Do also
des kaysers dyener hortend das geschray, nach dem gepot des
55 kaysers woltend sie zů inen greifen. Do sprach der sůn: ›Jr
lieben fründ, sehend minen grosen gepresten an, das ich mich
yetz so swerlich verwündet hab in dem eylen, zů sehen vnd ze
hören des kaysers gepot. Vnd darvmb min swëstren mich also
klagen vnd geschriren habend.‹ Dere wörter sie im gelöubtent
60 vnd fürtend den leichnam zu der stat ůß vnd erhanktten in.
Vnd da er lang hieng, da wolt in sein sůn nit begraben vnd lies
in also verwesen.

Also, herr, fürcht ich, euch gescheh auch also von ewerem
sůn. Der ritter gieng von sines süns ⟨wegen⟩ in das loch vnd
65 hieß im das höpt abslahen, das er nit ze schanden kem, [23ʳ]
darvmb er auch in ließ also an dem galgen hangen, als er
nichtz von im weste oder in angieng. Also tůnd ir auch mit
ewrem sůn, vmb den ir arbait haben, wie ir in tag vnd nacht
beschirment vnd ůffbringent, der doch an zwifel gat ůff ewr*n*
70 leib vnd ere, das er müge richsnen, wann er vmb sůst nit also
still sweiget.« Do der kaiser das höret, do sprach er: »Du hast
mir ein güt exempel gesait. Diß was ein böser sůn, der nichtz
durch sines vatters willen tet, vnd doch durch sinen willen tod
was. An zwifel, min sůn tůt mir nit also.« Vnd darvmb gepot
75 der kaiser, zehant in ze töden.

---

48 gehörttem *korr. aus* gehöreten.   52 do] Do *Nachtr. über* se.
69 ewrm *Hs.*

---

48 *schrier*: im Opt. Prät. rückt das unorganische hiattilgende *r* (vgl.
geschriren in Z. 59) in den Auslaut.   59 *Dere* = *dero* (Gen. Pl.).

Do er aber also gefurt ward durch die stat vnd groß gelöf des volks, klag vnd geschray ward, do begegnet inen der dritt maister, genant Katho, vor dem der sün nayget sein howbt, dar durch er von im och begeret sin hilf. Do pat der maister,
80 das man nit mit eyltend, er hofftet, in ze behalten bey dem leben. Der maister, als er kam für den keyser mit groser erwirdikit, vnd wider vmb im der kayser erzaiget grose vngnad mit worten, wie er vnd die andern, sines suns maister, all müstend verderben, wann sie im sinen sün zu aynem stümen het-
85 tend gemachet vnd »min keyserin gelestret wolt haben«.

Do antwurt der maister vnd sprach: »Sein still sweigen ist ain zeichen siner grosen wißhait; es kumpt aber schier die zit ze reden. Aber von ewr frawen wegen wais jch, das kain creatur üff ertrich daz gesehen hat, wann ains wibs boßhait kan
90 nyemand ergründen, als ir mügend merken in ainem bispel, daz euch on zwifel ze handen gat, wöllend ir ewren sün also toden von ewrs wibs wegen.« [23ᵛ] Do der kayser das begeret ze hören, do sprach der maister:

VI. Avis

Das dritt bispel vnd exempel des dritten maisters

»Es was ain bürger hie in der stat ze Rom, der hatt ain agelstren, die er het gelert mit grosem fleiß reden, was sie sach
5 oder horet reden. Diser bürger het ain jüng wib, vnd im feind was, wann er nit mügend was. Dar vmb sie ir lieb laite zü ainem andren. Wenn er nit haym was, so kam allweg der ander. Do daz die agelstre ersach, do sait sie das irem herren. Der bürger strafet sie vil darvmb, das sie zu im sprach: ›Du
10 gelöbest dem verfluchten vogel mer dann mir. Vnd an zwifel, die weil er lebt, vnd in vnserm hüß ist, die weil ist kain rw noch frid im hüs.‹ Do sprach er: ›Die agelstren kan nit liegen noch anders erdenken, dann was sie siecht, vnd dar vmb gelaub ich ir bas dann dir.‹

---

4 *agelstren*: ›Elster‹.   12 *liegen*: ›lügen‹.

Es geschah, das der bürger mit siner kouffmanschatz ettwa ferren vber land für, das die fraw fro was vnd beschiket iren pülen des nachts, das nyemant gesehen würd von dem vogel. Vnd do sie bede also durch den hof giengint vnd mit enander redeten, das erhöret die agelstren vnd sprach: ›Jch lose vnd höre, minem herren wil ichs sagen.‹ Dar vmb die fraw erdachte, wie sie sich wolte rechen. Also eyner nacht da nam sie vil kleiner stämlin vnd ain gelten vol wassers mit sant vnd staig damit ein laiter üff, das sie kam ob dem tach, dar vnder die agelstren hieng, vnd prach da durch [24ʳ] ain loch vnd warff vnd schüte*t* so lang, das die agelster nahent tod was.

Des andern tags kam der herr wider haim vnd nach siner gewonhait ging er des ersten zü der agelster vnd froget sie, was sie gesehen oder gehört het. Die agelster antwürt vnd saget, was sie gesehen het vnd wie die fraw aynen andern man offt vnd vil het mit ir in ir kamern gefürt vnd dar vmb, da sie ir troet, das ze sagen irem herren, darvmb sie müste vil pein leyden mit hagel vnd regen, das sie vil nahent tod was. Do der herr das erhoret, do ward er zornig vber sin frawen vnd strafet sie dar vmb.

Die fraw, die lowgnet vnd strafet in wider vmb mit bösen worten vnd sprach: ›Got sey geklaget, daz du zü sölicher vnuernünft bist kümen, daz du geloubest aynem bösem vogel mer dann mir, die da spricht, es hab an der nacht üff sie gehaglet vnd geregnet, so doch diß iars kain nacht nye so schön ist gewesen. Dar vmb sie mit ire lügne alles vbel vnd misshellüng zwischent vns pede machet, dar vmb ich durch dise stat belümdet bin.‹ Do der herr das höret vnd merket, wie die agelster het gelogen, wann die selbe nacht was schön gewesen, do gieng er mit zorn zu der agelstren vnd tödet sie. Des ward die fraw gar frö vnd sprach zü im: ›Got sey gelobet, daz wir yetzunt mit lieb vnd frewden mügen geleben.‹

---

25 schüte*nd* *Hs.*   27 er *korr. aus* es.

15 *kouffmanschatz*: ›Handelsware‹, die weibliche Form in Analogie zu dem gleichbedeutenden *koufmanschaft* (DWb V, Sp. 340). 22 *gelten*: swf. ›Gefäß für Flüssigkeiten‹.

Es geschah dar nach über ettlich tag, daz der herr gedacht an sine agelstren vnd sach über sich vnd merket da oben ob dem tach ain loch, da der vogel was gehanget. Das verwůndret
50 in, dar vmb er hin uff staig, daz zu besehen, [24ᵛ] vnd sah vnd fand da vil stemli vnd ain grose gelten mit sant vnd wenig wasser. Do gedacht er, wie es ergangen was der agelstren, darvmb sie im geklagt het, vnd wie er betrogen was von siner bösen frawen, darvmb er sin aller liebsten vogel, der die war-
55 hait het gesait, also vnschůldiglichen ertödet hat. Dar vmb er klaget got vnd werlt vnd verkoufft, was er hette, vnd zohe von dem land vnd ward nyemer mer gesehen.«

Da diss exempel vnd bispel der kaiser erhöret, do sprach er zů dem maister: »Diß was vil ein böß weip, vnd rewet mich die
60 gůt agelster, die ir leben verlor von der warhait wegen. Jch sag vnd gepewt, wann min sůn stirbt diß tags nit.« Do der maister sin referentz het getan vnd hinweg was, das kam aber für die kayserin, wie der sůn noch lebet. Da fing sie aber an ze weynen vnd klagen vil mer dann vor, das daz kleglich geschray
65 kam für den kayser. Dar vmb er aber zu ir kam, sie ze trösten vnd von ir ze hören die sach irer̃ betrübniß.

Sie sprach: »Ach herr, was leb ich so lang ůff disem ertrich, daz mir semliche vneer vnd schand zu gelait ist vnd das vnrecht nit mag gerochen werden.« Der kaiser sprach: »Min
70 liebste fraw, von vnderwïsung vnd lere wegen aynes sines maisters hab ich yetz das vrtail vnd recht ůfgeslagen.« Die kayserin sprach: »Herr, das ist, daz ich fürchte, das euch beschehe mit denen maistern als aynem kayser, der da hette [25ʳ] syben maister vnd von inen allen betrogen ward. Vnd weste ich, das
75 mine wörter nütz brechtend, so begeret ich, euch das ze sagen.« Der kaiser was frö vnd patt sie, im das ze offenwaren. Do saget sie diß bispel vnd sprach:

48f. ob ~~vnder~~ dem tach *Hs.*   66 ire *Hs.*

---

71 *ůfgeslagen*: ›aufgeschoben‹.

VII. Sapientes
Das vierd bispel der kaiserin

»Es warent syben weis maister bey ainem kayser, die das gantz reich regirten, also das der kaiser nütz tet an iren rat. Do die
5 maister sahend, das inen der kayser in allen sachen volget, do macheten sye mit iren künsten, wenn der kaiser daheym in sinem palast was, so gesah er wol, wenn er aber dar ůß gieng, so was er plind vnd gesah nit, vnd diß geschah darvmb, das sie dester bas möchtend den keyser vberwinden vnd betrigen vnd
10 da mit gros güt gewynnen. Vnd diß geschah also manig iar, das sich der kayser erparmet vnd das seyner frawen mit weynen beklaget.

Do die keyserin das höret, da erschrak sie vnd sprach: ›O herr, ich fürcht, das ir disen gepresten haben von ewern wisen
15 maistren, die da also mechtig sind vnd daz land regirent. Vnd darvmb so sendent nach inen bald vnd bütend inen bey leib vnd leben, das sie euch ewr gesicht vor dem palast wider vmb bringen.‹ Der kayser ward wol getröst vnd sendet bald nach den syben maistren vnd leget in für sinen gepresten vnd pat sie
20 vmb hilf sines gesichtes, so wölt er in vil gütz geben. Wer es aber nit, so wölt er in benemen leib vnd güt. Do die maister das erhörten, sie erschraken gar ser, wann sie im das also hetend angetan, das sie es nit mochten wenden. Vnd darvmb sprachent [25ᵛ] sye zu dem kayser: ›O herr, ein swere grose sach
25 begerend ir von vns. Dar vmb wir pitten, das ir nit gahend an vns, aber vns zehen tag zil gebend, vns zu bedenken.‹ Der kayser sprach: ›Das gefelt mir wol.‹

Also fürent die maister durch mangerly lant vnd stet vnd erfrogtent, ob inen yemant mochte raten, das sie dem kayser
30 möchten helfen, als lang, vntz biß sie kamen in ain stat, do was ain jüngling, der het von got die gnad, das er kont vnd west der menschen tröm ůßlegen. Da die maister da hin koment vnd zu dem jungling, das geschah, das eyner vor im stünd vnd

---

7 sinen *Hs.*

im offenwaret sinen tröm vnd sprach: ›Jch hab gesehen, das
enmitten in minem bömgarten ain brunn ensprang vnd da von
ranen vil ander pächli, also das der bömgart vol wassers ward.‹
Do sprach der jüngling: ›An der stat, da du den brunnen hast
gesehen, da grab ein, da findest du eynen grosen schatz, das du
vnd all die deynen mechtig vnd reich werdent.‹

Da die meister hörtent die weißhait des jünglings vnd das er
so wor het gesait vnd der schatz also gefünden ward, da legend
sie im für in heimlichait ire grose sachen, dar vmb sie zu im
waren kümen. Do sprach der jungling zü inen: ›Jch hoff ze got,
ich wolt dem kayser wol helfen vnd im sein gesicht wider brin-
gen.‹ Die maister würdent frö vnd von groser pet wegen vnd
frowden brachtend sie in zü dem kayser. Der kayser enpfing in
mit grösen eren vnd fröden vnd füret in von den andern in sin
kamern vnd leget im für sin gepresten. [26ʳ]

Da der jünglich das vernam vnd in der kameren vmb gieng
sich ze bedenken, do sah er vmb vnd sah in aynem winkel
vnder des kaysers pettstat syben üffgende brünnen, die auch
da selbs glich versihen, daz das wasser nit ward gesehen. Die
brünn er zaiget dem kayser. Der kayser het ein groß verwun-
deren dar jnnen, wann er das vor nye gesehen het, vnd von
wann das wasser käm oder wo es sin üßgang were oder was
das bedütet, das erfrögte er mit grosem ernst vnd fleiß von
dem jüngling. Der jüngling antwürt vnd sprach: ›Diß brünnen
sind die syben maister, die ir hand, die mich zu euch pracht
habend, die mit iren künsten ein yeglicher aynen besundern
brünnen gemachet hat wider euch. Vnd die weyl sie leben, so
enspringent die brünnen, die weile so mügent ir nit genesen.
Aber so ir aynen nach den andern lasend toden, also so nympt
denn ain brünn nach dem andern ab, vnd so die ain end ha-
bend, so sind ir genesen vnd gesehend als vor.‹ Der kaiser vol-
get des jünglings rat vnd ließ sie all enthawpten. Da zergien-
gent glich auch die brünnen, also das der kayser ward gantz

---

58 die *Nachtr. über* v̶n̶d̶ mich *Hs.*   65 enthawptent *Hs.*

---

52 *versihen*: ›versiegten‹ (mhd. *sîgen*).

gesehend an allen gepresten. Des der kayser frö ward vnd den
jünglich begabet nach kayserlichen eren.«

Da die kayserin das bispel het gesait, da sprach sie zü dem
70 kayser: »Also, lieber herr, hand ir syben maister, die mit
ewrem sün begerend ze richsnen, wann bey dem brünnen süllent ir merken ewren sün, von dem üffgand syben brünnen.
Das sind sein syben maister, [26ᵛ] die in beschirmen, vnd mag
nit verdilget werden, es sey denn, das die syben maister ertödet
75 vnd zerstöret werden.« Do das der kayser höret, do ward er
zornig vnd gepot, das man pald sinen sün von der werlt tet vnd
in tödet vnd das man die maister all sölte fahen.

Do man also des kaysers sün zü dem vierden mal durch die
stat füret, do ward aber ain groß zulaufen des volks mit
80 schreyen vnd klagen. Da kam der vierd maister, genant Maldrach, vnd pat, das man mit im nit eyltend, er hofftet, in als die
andren maister bey dem leben ze beheben. Also kam behend
der maister für den kayser vnd vil im ze füß dyemütiglich vnd
grüst in. Der kayser enpfing in mit zörnigen erschröklichen
85 worten vnd wie er aynen stummen her uß sinem sün gemachet
vnd aynen lestrer siner frawen, vnd darvmb sie müsten sterben, das im nit gescheh als aynem kayser von sinen maistren.

Do antwürt der maister vnd sprach: »O herr, es ist nit billich, die vnschüldigen zü den schüldigen ze rechen vnd sie das
90 laßen engelten. Es sind in allen geslehten böß vnd güt. Vnd dar
vmb sind genedig ewerm vnschüldigen sün, der in ayner kürtz
wirt wol redent, der yetz von sach wegen üß siner wißhait ist
still sweigend, den ewr fraw ist felschlich beklagen, das sie nit
erweisen mag noch kan. [27ʳ] Vnd dar vmb, sol ewr sün sterben
95 von ir lügne wegen, so geschiht euch on zwifel als ainem ritter
mit sinem weib.« Do der kayser daz begeret ze hören, do
sprach der maister:

---

81 in *Hs.*   88 ist *Nachtr.*   94 vmb *Nachtr.*

VIII. Tentamina
Das vierd exempel des vierden maisters

»Es was hye ze Rom aynest ain ritter, der was vil zit an weib vnd an kind. Sein fründ, die ryetend im so vil vnd so lang, das er in volget, vnd nam gar eyn schöne tochter hye von gütem vnd reichen geslecht, die er üß der masen lieb vnd schon hett. Da sie ettlich jar waren bey enander gewesen, inen ward kain kind, wann der ritter alt was vnd vnmügend. Es geschach aines tags, daz die fraw frwe zu der kilchen gieng, do begegnöt ir ire müter. Vnd da sie lieplich aneinander hettend gegrüßet, do froget die müter die tochter, wie sie möchte vnd wie ir gefiel ir man.

Die tochter fieng an ze weynen vnd sprach: ›Verflůcht sey die stünd, an der ich in nam, vnd die mir in geben hant, wann er mir kain nůtz ist vnd kein frowd von im mag han. Wan er bey mir ligt als ein stok vnd ich sein nyemer mag erleyden, dar vmb müß ich ainen andern man lieb han.‹ Die müter ward betrubt vnd sprach: ›Min libe tochter, nit tue also, schon dein vnd vnser vnd all vnser geslecht, wann nye kain sölichz gehört ist worden von vns.‹ Die tochter sprach: ›Min liebe müter, das ist von dir vnd minem vatter nit ein wunder, wann ir warent bede jüng vnd hat yetweders von dem andern lust vnd fröd. Also ist es nit mit minem man, der da ist kalt vnd alt, darvmb müß [27ᵛ] ich aynen andern sůchen.‹

Die müter sprach: ›So du ye begerest ainen anderen, so sag mir, zu wem dein begird stand.‹ Die tochter sprach: ›Zü eynem pfaffen hye.‹ Do sprach die müter: ›Das ist ein groß wünder, warvmb du aynen pfaffen wilt han vnd nit aynen ritter oder süst aynen von dem adel.‹ Do antwurt ir die tochter: ›Min libe müter, nit verwünder dich, wann diß ist das pest. Hett ich ainen ritter oder einen edlen, der het sich mein pald genyetet

---

10 gegrüßet *korr. aus* gegrüßend.

11 *wie sie möchte*: ›wie es ihr ging‹.

vnd spottet denn mein vnd achtet ein klain, ob es offenwar würde. Also ist es nit vmb den pfaffen; der kan es heimlich vnd still halten, wann er geschante sich selb, vnd was ich von im
35 begere, des pin ich geweret.‹

Die müter sprach: ›Jst im denn also, min liebe tochter, so volge mines ratz. Du weist wol, das alt lüt gar grymig sind, so sie zornig werden. Dar vmb so solt du vor dinen man versüchen. Jst es, das er dir das selb vertrait vnd dich dar vmb nit
40 slecht vnd straft, so magst du denn dester sicherer zü dem pfaffen gan.‹ Die tochter sprach: ›Min liebe müter, ich mag nit als lang baiten.‹ Die müter sprach: ›Nü volge mines ratz vnd versüch in, es weret nit lang.‹ Die tochter sprach: ›Durch deynen willen so wil ich mich leyden; aber sag mir, was ich tün sol.‹ Die
45 müter sprach: ›Du waist wol, das er hat in sinem garten ain edels bömlin, daz er gar lieb hat. Vnd nym denn eben war, wenn er ettwa üßreyt jagen oder süst, so haw das bömlin ab vnd mach im da von ein fewr, [28ʳ] wenn er wider kümpt, das er sich da bey werme.‹ Die tochter was frö vnd gieng wider
50 haim.

Es geschah des selben tags, das der ritter üß rayt üf das velt nach siner gewonhait. Die fraw was frö vnd gieng bald zu dem gartner vnd sprach zu im: ›Nim war, min herr ist alt vnd kalt vnd ist üßgeritten üff das velt. Jch pitt dich, gee mit mir in den
55 garten, ob wir iht ettwas holtz funden, das wir im mochtend ain fewr vnd wirm machen, so er von dem feld köm.‹ Das geviel dem knecht wol, vnd gieng mit der frawen in den garten vnd nam mit im ain ax. Der gart was sawber vnd schön vnd kain ander holtz dann die bŏmen. Vnd do sie kam zü dem
60 bŏmli, das der herr so lieb het, do pat sie den knecht, das er daz ab hiebe. Der knecht sprach: ›Fraw, das tue ich nit, wann das ist der bŏm, den mir min herr in besünder enpfolhen hat vnd im der liebste ist.‹ Do ward sie zornig vnd nam von im die ax vnd hẅu den bŏm ab.

---

44 *mich leyden*: ›mich fügen‹.   64 *hẅu*: ›hieb‹.

Do der ritter des abentz haim kam vnd kalt was, da enpfing in die fraw gar lieplich vnd setzet im eynen sessel zu dem fewr, das er sich wermet. Do der ritter den smack enpfand, da růfet er sinem gartner vnd sprach: ›Jch merk bey dem gesmack, das daz edel holtz des bömlis brynnet.‹ Do sprach der knecht: ›Herr, es ist war. Jch han es abgehawen von miner frawen gepot wegen.‹ Der ritter ward vnmůtig vnd sprach: ›Da sey got vor, das mir ein sölicher groser schad sey geschehen.‹ Do sprach die fraw: ›Zwar es ist war, ich hab es ia selbs getan.‹ Da von der ritter gar zornig ward vnd sie also strafet mit worten, das sie anfieng ze waynen bitterlich vnd sprach: [28ᵛ] ›Ach miner trew vnd lieb, die ich minem herren hab beweiset, vnd hab das durch des pesten willen getan, vnd hebt mir es sogar ver ůbel. Es ist wol ain zaichen, das der böm im lieber ist gewesen, dann ich pin.‹ Do der ritter das höret, do tröstet er sie mit senfften worten vnd vergab ir.

Also des andern tags des morgen frw̆ gieng sie aber ze kirchen vnd kam zů ire můter vnd sprach: ›Min liebe můter, wiß, das ich dinem rat gefolget han vnd er erzürnet ward. Aber als pald ich ein klein weynat, do vergab erz mir; vnd also pin ich ůff dem weg zů dem pfaffen, wann ich nit lenger mag paiten.‹ Die můter sprach: ›Liebe tochter, wie wol es ist, das ein alter man eynest vertrait, so rechent er doch zů dem andren mal aynes zu dem andren. Darvmb so rat ich dir, das du in noch aynest versůchest.‹ Die tochter sprach: ›Můter, du hast kain mittliden mit mir; ich mag sin nit erbaiten.‹

Die můter sprach: ›Du hast mich gesteren geeret, pitt ich dich, daz du öch aynes erest dinen vatter – vnd volg noch aynes mines ratz.‹ Do sprach sie: ›Durch mines vatters willen, so wil ich mich hewt auch leyden, wie wol es mir wee tůd, vnd sag mir, wa mit ich in yetz sülle versůchen.‹ Die můter sprach: ›Min liebe tochter, du waist wol, das er hat ein klaines hündlin gar

---

70 war *korr. aus* was.   81 ge kirchen *Hs.*   96 er *Nachtr.*

---

67 *smack*: ›Geruch‹.   74 *strafet*: ›tadelt‹.   77f. *hebt mir es ... ver ůbel*: ›nehmt es mir übel‹.   85 *paiten*: ›warten‹ (mhd. *bîten*).

VIII. Tentamina

lieb, vnd siner pettstat wol hüt. Töde im das hündle, so er es sicht.‹ Die tochter was frö des ratz vnd gieng haim vnd wartet des hündlis.

Do der ritter saß bey dem fewr vnd das pett in der kamern da bey schön geziert was mit purpür vnd köstlichen [29ʳ] teklachen, do kam das hündlin von der gassen üß dem kot vnd sprang üff das pett vnd vervnrayniget die zierd. Die fraw ward zornig vnd nam das hündlin by den hindren füsen vnd slüg im das howbt an die wand vnd tödet es. Do das der ritter höret vnd sah, do sprach er zu ir: ›O du böse fraw, es ist nit gnüg, das du mir gestern minen liebsten böm hast tödet, vnd yetz vor mir auch tödest min liebst hündlin, das dir nye kain laid getet.‹ Die fraw klaget sich vnd sprach: ›Sehent ir nit, wie daz böß hündlin allwegen die zierliche teke also vnsẃbret?‹ Er sprach: ›Mir ist der hünt lieber gesein denn das gantz bett.‹ Die fraw fieng an ze weynen vnd sprach: ›Ach mir armen frawen, was sol ich fahen an, was ich tue durch das pesten willen, das verkeret mir min man alles, vnd ist im ain bös hündli lieber dann ich, das got yemer geklagt sey!‹ Do der ritter das höret, da versünet er sich mit ir vnd vergab ir es gantz, vnd was im layd. Do ward sie frö vnd synnet tag vnd nacht, wie sie zü irm bülen kem.

Also des morgens frẃ gieng sie aber zu der kilchen, do sie ir müter fand, vnd sprach zür: ›Müter, ich hab die liebe des pfaffen tewr gnüg erkoufft vnd lang erbaitet vnd hab getan nach deinem rat vnd hab dich vnd meynen vatter geeret, daz ich so lang gepitten hab. Darvmb pitt ich dich, hinder mich nit fürbaß.‹ Die müter sprach: ›O liebe tochter, wie wol es ist, daz er dir yetz zwai v́bersehen hat, doch du hast das dritt noch nit versüchet. On zweifel, so er denn zu dem dritten mal gütig ist vnd dich nit strafet, so wil ich dich fürbaz nit mer [29ᵛ] hinderen noch sümen. Dar vmb pitt ich dich durch alle muterliche trẃ vnd arbait, die ich dir ye beweist hab vnd mit dir gehept han, das du in noch aynest versüchest.‹

---

119 hab *Nachtr.*

---

122 *gepitten:* ›gewartet‹.

Do sprach sie: ›*Müter*, wie wol es mich hert an kümpt, doch so wil ich dir noch aynes willigen vnd dar nach nyemer, nach dem als du mir verhaisen hast, vnd dar vmb sag mir, was ich tün sol.‹ Die müter sprach: ›Du waist wol, das vbermorgen ist der tag, an dem er ritter vnd herren vnd die pesten ze Rom ladet ze tisch. Vnd so sie all gesessen sind vnd essen vnd trinken üff dem tisch ist, so henk haymlich dein slüssel in das tischlach vnd sprich denn: Ach wie pin ich als ein vergesslich mensch, das ich min messer han in der kamern gelaßen, vnd in dem so stee behend üff vnd züh das tischlach vnd was da ist mit dir üff das ertrich.‹ Die tochter was frö vnd gieng haim vnd sprach, sie wölt es geren tün.

Do der tag kam vnd die gest warn zü dem tisch gesessen, dar üff köstlich essen vnd silbre vnd gülde köpf vnd pecher waren mit edlen win vnd sie auch ze tisch was gesessen, da tet sie, als ir müter sie het gelernet, vnd zoh mit dem slüssel vnstümiglich nach ir üff daz ertrich alles das, daz üff dem tisch was, mit dem tischlach. Der ritter ward bewegt vnd vol scham vnd hyes bald die tischlach vnd andere ding vnd notdürfft des tisch erneweren, vnd ward alles in aynen schimpf geprahdt vnd zu fröden geordnät. Aber doch der herr, der vergaß es nit [30ʳ] vnd gedacht an die fordre zway vnd besorget gröser zukünftiger ding.

Darumb er des morgens gar frw vor ir üff stünd, êr sie ze kirchen gieng, vnd beschiket sinen schêrer vnd sprach: ›Mein fraw, die leit krank vnd hat vil böß blüt bey ir; dar vmb so laß ir der adern vnd des blütz so vil, vntz biß ich dich heiß üff hören, vnd nim dar vmb deynen güten lon.‹ Der maister was willig, nach sinem willen ze tün. Da die fraw üff stünd vnd sich beraitet aber ze kirchen gan vnd das sie möchte zu ir müter kümen vnd ir sagen, wie es ergangen were, das sie also kain hindernüß mer hette zu dem pfaffen ze gen, do sprach der ritter zü ir: ›Fraw, du erparmst mich, das du vol böß blütz pist

---

130 tochter *über* ~~Muter~~ *Hs.*   153 ~~vnd~~ êr *Hs.*

---

149 *in aynen schimpf geprahdt*: ›ins Scherzhafte gewendet‹.

vnd nye gelaßen hast, dar vmb dü von dinen synnen pist
kümmen; vnd sölte also das selb böß blüt in dir zü nemen, du
165 würdest gantz hirenwütig, vnd käm mit dir in grösere nöt vnd
angsten, denn ich yetz zü dem dritten mal von deynet wegen ye
kummen pin. Darvmb ist der meister hye, der dir diß benemen
sol.‹

Die fraw erschrak vnd begeret gnad, wann sie nye gelasen
170 het. Er antwúrt ir: ›Genad ist dir gnüg beschehen, vnd hast
dich ir vnwirdig machet. Darvmb so streke den arm her für,
oder ich laß dir mit disem blosen swert zu deynem hertzen.‹ Da
die fraw merket den ernst vnd zorn irs mans vnd das bloß
swert, das er het gesetzet an ir hertz, do enblöset sie ir arm,
175 vnd der scherer slůg vnd ließe so vil blütz, vntz biß sie sich
entferbet vnd [30ʳ] amechtig ward. Do sprach sie: ›O herr, er-
parm dich úber mich, wann ich stirb!‹ Er sprach: ›Gedenk, was
du hast getan! Dar vmb bittest du vmb sůst, wann du hast
noch vil böß blütz bey dir; vnd darvmb streke bald her für den
180 andern arem, daz das vnrain blüt öch gang von der andren
seiten, oder ich laß dir mit dem swert zu dinem bösen hertzen.
Die fraw erschrak noch mer vnd enblöset den andern arm. Der
scherer ließ ir so vil blütz, das sie hin fiel vnd geswand. Da
sprach er: Es ist sein genüg. Gedenk fürbas, daz du recht tuest.‹
185 Vnd hieß sie in ein bett legen vnd ir wol pflegen.

Die fraw wart krank vnd schiket nach ir müter, das sie zü ir
kem, er sie stürb. Do das die müter höret, do wart sie frö vnd
kam zü ir. Die tochter klaget ir not vnd wie es ir engangen
was, dar vmb sie in grose krankhait wer kümmen. Do sprach
190 die müter: ›Jch hab dir es vor gesait, das alt lüt grym sind, so

---

172 swertʒ Hs.   181 swertʒ Hs.

---

163 *gelaßen hast*: ›zur Ader gelassen wurdest‹.   165 *hirenwütig*: ›tob-
süchtig‹.   183 *geswand*: ›ohnmächtig wurde‹.   187 *er*: ›bevor‹.
188 *engangen*: unpersönlicher Gebrauch ist nicht belegt, sehr häufig
aber die Verwendung mit Akkusativobjekten wie ›Sinne‹, ›Kräfte‹ usw.
(²DWb VIII, Sp. 1404) – oder Verschreibung von *ergangen* (wie in Z.
160)?

man nit wil ab lan. Vnd darvmb so las den pfaffen daz sein schaffen vnd tü dinem man, was im lieb sey; so behütest du leib, güt vnd ere.‹ Die tochter sprach: ›Das wil ich geren tün vnd dank dir, daz du mich also behütest hast, daz ich zu gröseren
195 sachen nit pin kummen.‹

O herr der kayser, üß disem bispel merkent ir die bößhait der frawen. Darvmb rat ich euch: Hütent euch vor ewerm weib, die üff ewr ere gat vnd vol böß blütz vnd gifft ist gegen ewerem [31ʳ] wirdigen sün, das euch nit wirs geschech dann
200 disem ritter.« Der kayser sprach: »On zwifel min sün der stirbet hüt nit«, vnd gepot bald, das man in wider füret in die gefengniß. Der maister danket dem kayser vnd nam vrlaub mit groser erwirdikït.

Do das die kayserin höret, wie der sün noch lebet vnd ir
205 bispel vnd wörter vor dem kayser kain kraft hettend vnd versmeht was, da gieng sie in ir kamer vnd zieret sich vnd nam zu ir alles das köstlich, das sie hat, vnd gepot iren jungfrawen vnd dyeneren, das sie sich beraitend, mir ir v̇ber velt ze reyten. Do sye berait vnd angelait waren, das kam für den kayser, wie die
210 kayserin wölte von dem land faren. Der kayser kam bald zü ir vnd fraget, was sie damit meynet. Sye sprach: »Jch wil zü minem vatter. Jch mag sölicher versmeh vnd vnrecht nyemer erleyden. Es ist pesser, ich züch hin weg, dann das ich mit euch ze laster vnd ze schanden küm. Wann mit dem leben, das ir
215 fürend vnd habend mit ewern falschen meistern, vnd in alwegen gelawbent, die werden euch böse letzte lasen, vnd wirt euch eben geschehen als dem kayser Octauian, den die seine rät lebendig vergruben.«

Der kayser sprach: »Min liebe fraw! Jch pitt dich, nit eyle,
220 wann ich wil tůn, was du wilt; sag mir diß bispel.« Sye sprach: »Jch warne euch vil vnd sag euch genüg, aber es hilft nichtz.« Der kayser sprach: »Du weist wol, das aynem herren zü gehört, daz er yederman sol verhören, das [31ᵛ] er die sach eygentlich erfündli, êr das er daz berechti, wann es wer im süst ein

---
216 *böse letze lasen*: ›ein übles Andenken hinterlassen‹.   224 *erfündli*: ›erforsche‹, ›erkunde‹.   *berechti*: ›rechtlich entscheide‹, ›bestrafe‹.

größ laster vnd schand, vnd darvmb so sag mir diß bispel.«
Also fing sie an vnd sprach:

IX. Virgilius
Das fünfft bispel vnd exempel der kayserin

»Es was ain kayser hye ze Rom, Octauianus genant, dem die Römer alle geschleht der werlt hettint vndertenig vnd gehorsam gemachet. Zu den selben ziten was ein groser maister in der künst der zawbrey, genant Virgilius. Die Römer, da sie in allem frid waren, do paten sie den maister, das er ynen machete ettwas sachen, da von sie möchten wissen vnd erkennen, welhes land in der werlt wölt von jnen, vmbwerffen vnd in vngehorsam sein, das also deß ynnen würdent vnd da bey gewarnet weren.

Der maister Virgilius machet eynen subtilen türn vnd ze obrest darůff vmb die zynnen des türns als manig bild, als manig land inen vndertenig waren; vnd machet aynem yeglichen pild ain glögklin in sin hant, welhes lant sich wolt vmbwerfen, das dem das selb bild lütet sin glöglin; vnd setzet vnd keret aynes yetlichen bild antlůt gegen dem land, dar zů es geordnet was, das der ritter, der des türns hůtet vnd des alle zït war nam, wol mocht merken vnd erkennen. Das saget er denn den Römern vnd dem rat, das sie dann schiktent gröse macht wider das selb land vnd prachtend es wider zu eynikit vnd zu irm gewalt vnd [32ʳ] gehorsam.

Do sie also vil zit hetten regiret vnd herschet, da kament drey künig ze samen, die vil vnrecht gewaltz von den Römeren hetten gelitten, vnd hettend rat, wie sie sich vor inen möchtend beschirmen. Do ward erkant, die weil sie den türn hettind, so möchtend sie nit schaffen. Diß erhörtend drey abentewrer, die giengent zů den küngen vnd sprachen: ›Was went ir vns geben, ob wir den türn mit den bilden zerstorend?‹ Sye frogtent, was sie begereten. Do sprachen sye: ›Vier fesslin mit gold.‹ Also namen sye daz gold vnd kament gen rom vnd nament ein alle

---
31 nament] t *Nachtr.*

kúntschaft der tor vnd des türn vnd vergrüben die vier feßlin
mit dem golt an vier ortern der stat ůff dem veld.

Es geschach, daz si aynest gen hof kamend vnd sich abentewr
35 ůß tetend vnd daz für den kayser kam. Der enpfing sie schon
vnd hieß inen essen vnd trinken genüg geben. Dar nach nam
sye der kayser in sein haimlichit vnd fraget sye, was künst sie
kånten. Sie sprachen: Herr, wir künnen schatz finden vnd ŏch
die graben. Der kayser ward frö, wann er gar geytig was, vnd
40 verhyeß jnen groß güt, ob sie im ain schatz prechten. Vnd viel
das loß des ersten vmb ůff den eltsten, der den ersten schatz
solt graben. Also des selben nachtes grüb er mit sinen gesellen
das ain fesslin mit dem gold ůß, vnd prachtend das für den
kayser.

45 Da der kayser ir warhait vernam, do ward er frö vnd gab
inen da von das halb tail. Sye enpfingent daz mit fröden, vnd
wart erkennet, daz der ander elter nach dem ŏch sölt sein
künst beweisen vnd ein schatz bringen. [32ʳ] Also grüb er mit
sinen gesellen aynes nachtes das ander fesslin mit gold ůß vnd
50 pracht das dem kayser. Also geschah es ŏch mit dem dritten,
vnd gab inen allwegen der kayser das halb tayl. Da also der
kayser merket, das ain yeglicher gerecht was vnd sein künst
beweist het, da het er sye lieb vnd gelowbet in, was sie im
saiten.

55 Also kam sye aynes vnd sprachen zü dem kayser: ›Herr, wir
haben in v̇nser practic gefunden vnd gesehen aber ain schatz;
ist es ewer will, so wöllen wir in graben.‹ Dem kayser gefiel es
wol, vnd sie giengent des nachtes vnd grübent daz vierd fesslin
vnd prachtend es vol golds für den kayser, das er sprach: ›Für
60 war, ewr gleich ist nit ůff dem ertrich, vnd dar vmb, was ir
begerent von mir, das wil ich euch geweren.‹ Es geschah v̇ber
ettlich tag, da kament sye all drey aber für den kayser vnd

---

43 das ain] das *Nachtr.* mit dem *marg. Nachtr.? (Zeile in den Rand hinein verlängert).*

55 *kam* = *kamen* (Verschmelzung von Stammauslaut und Flexiv).
56 *practic:* ›Ausübung der prophetischen Kunst‹, vgl. *künst* in Z. 63.

sprachend: ›O herr, grose ding haben wir in vnser kůnst gesehen, von aynem vnseglichen grosen schatz, als er mag sein in
65 aller werlt, vnd darvmb, wöllent ir vns erlawben, so ist das groß gůt ewr.‹

Der kayser ward frö vnd fröget, wo daz wer. Sye sprachen: ›Herr, in dem türen, der mit den pildern ist gemachet.‹ Der kayser sprach: ›Schadet es aber dem türn nit?‹ Sie sprachen:
70 ›Herr, nain, wir künnen die künst ze graben, das wir den schatz haben an anrüren vnd verserůng des türns.‹ Do sprach der keyser: ›Jch hab euch allwegen redlich vnd warhaft gefůnden, darvmb getraw ich euch [33ʳ] wol vnd erlawb euch, da den schatz ze graben, doch dem türn vnschedlich, bey ewrm leben.‹
75 Sie sprachen: ›Herr, daz wollen wir tůn.‹ Also schiket der kayser des türns hüter hinweg, das sie nyemant hyndret an ir künst vnd arbait, vnd lies sye dar ein. Vnd fingent an ze graben tag vnd nacht, daz sie das fůndament gantz des türns vmb grůben vnd ůff den fal richtetend, vnd macheten sich heymlich hinweg
80 von Rom vnd von dem land.

Do der kayser des andern tags wartet, wenn sye köment mit dem grosen schatz, do kam vmb die vesper zït ein groß vngewitter mit hagel vnd doner, regen vnd wint, das der türn mit den pildern gantz vmb fiel vnd ward zerstöret ewiglichen. Da
85 die Römer daz sahend, das sye vmb ir warůng vnd schatz warn kůmen, da komen sye mit gewalt für den kayser vnd wöltend wissen die sach der zerstörung des türns. Er vergach, wie er wer betrogen worden von dreyen falschen mannen, die *im* fůrgaben, aynen schatz do ze graben, als sie vormalz ŏch getan
90 haben. Do sprachen sie: ›Hant ir daz golt von ewr geytikït lieber gehebt, dar durch wir alle můßen verderben von vnsern feinden, dar vmb sol es yetz gerochen werden.‹ Vnd also nament sie in bald vnd fůltend im sinen můnd vol golds vnd vergrubent in lebendig. Dar nach kamend die feind vnd zer-
95 stortend Röm.

---

88 mir *über* im *Hs.*

---

87 *vergach*: ›gestand‹ (zu mhd. *verjehen*).

Also, herr, ist es auch mit euch. Jr sind der türn mit den bilden; die weil ir sind vnd lebend, so mag euch nyemant vberwinden. Das sihet an ewr sun mit sinen maistern, vnd süchent tag vnd nacht, wye sie euch [33ᵛ] mit falscher red mügent zer-
100 stören. Vnd die hörend ir gern mit begird alz lang, vntz biß sie den türn ewers leibs vnder grabent, so sie merken, daz sie euch zü aynem torn haben gemachet, daz ir ynen nit mügent entrynnen vnd ir aygen werdent.« Der kayser danket der frawen ir güten lêre vnd sprach: »Zwar sie fellent mich nit als den
105 turn. Von des wegen sie arbait hand, der müß moren sterben.«

Da der morgen kam, da gepot aber der kayser, sinen sün ze töden. Da wart aber ain groß gelöuf vnd geschray des volks, vnd beweynten seinen tod. Do kam der fünfft maister, vor dem der sün sein höpt naygte. Do sprach der maister: »Nit eylend
110 mit im! Jch hoff, in auch ze behalten disen tag bey dem leben.« Er kam zü dem kayser üf sinen palast vnd viel im ze füß dyemütiglich vnd begeret, ain wort mit im ze reden. Der kaiser ward gar zornig vnd troet im vnd enpfing in v̇bler, dann die andern all vor enpfangen het. Der maister sprach: »O herr, min leben
115 ist in ewern henden, ob ich euch nit die warhait sag. Wann lasend ir yetzunt ewrn sün töden von ewer frawen red vnd falschait wegen, so geschiht euch on zwifel wirser, dann Ypocras geschah von seynes frunds wegen Galieno, das ain groß merklich rach was von got: Was yederman half, das half in nit,
120 vnd müst also in sinen nöten an all hilf vnd trost der seynen sterben.« Do der kayser daz begeret ze hören, do sprach der maister: [34ʳ]

---

99 sich *Hs.*   102f. ertrẙnnē *Hs.*   104 ir *Nachtr.*   105 strrbñ *Hs.*
115 henden i̶s̶t̶ *Hs.*

105 *moren (morn)*: ›morgen‹.   119 *half in*: zu *helfen* mit Akk. d. Pers. vgl. DWb IV 2, Sp. 954.

X. Medicus
Das fünft bispel des fünften maister

»Es was hye ze rom ein groser maister der artzney, Ypocras
genant, des gleichen nit gefunden wart in künsten zů sinen
ziten. Der hat ain fründ, genant Galienus, gar synnrich vnd
geschikt zů der lere vnd artzney. Dar vmb in Ypocras hasset
vnd verparg sein künst vor im, wann er förchte, er würd besser
vnd glükseliger dann er. Des doch Galienus nit achtet, aber er
lernöt tag vnd nacht nach sinem vermügen.

Es fügt sich, das ain künig in ferren landen schiket nach
Ypocras, im sinen sün gesund ze machen vnd artzneyen, wann
er vil hett von im gehöret. Ypocras von sachen wegen kont er
nit selbs da hin komen, aber er sand sinen bewerten junger
Galienum mit gantzer vnterwisung. Galienus, do er kam zu
dem künig, er ward gar erlich enpfangen vnd entschuldiget
sinen maister Ypocras, warvmb er selbs nit mochte kümen.
Dem künig gefiel der Galienus wol nach siner person, nach
sinen siten, worten, werken vnd künsten.

Er ward gefüret zů dem sün vnd begreif im die adren vnd
besah im sinen haren. Do er das erkennet, do begeret er auch
ze sehen den harn des künigs, sines vatters, vnd der künigin,
siner müter, daz er des kindes sichtag dester bas erkennen
möchte. Das geviel in wol, vnd besah des morgens ire beder
haren vnd erkennet dar an, das der jüng sün nit zu gehöret
dem künig, wann er aynen anderen vatter hett. Doch das
offenwaret er nyemant, aber er kont so vil subtiler vnd heymlicher hübscher wort mit der küngin [34ᵛ] vnd verhyeß ir so vil,
das sye im bekennet, das diser sün nit des künigs were, aber
aynes andern mechtigen lantzherren vnd fürsten.

Galienus, der merket des kindes alter vnd conplexion vnd
auch der müter nach iren harn vnd gab dem kind ain slechte

---
25 anderen *markierter Nachtr. hinter* hett.

---
30 *conplexion*: ›Natur‹, ›körperliche Verfassung nach der mittelalterlichen Viersäftelehre‹.

artzney von rindere fleisch brü, damit er das kint erneret, vnd
zü gesůnthait kam. Der künig vnd künigin begabeten in nach
künglichen eren vnd gaben im küntschaft mit briefen siner
35 maisterschafft. Do Galienus also haim kam zů sinem maister
Ypocras vnd sölich gůt löblich küntschaft von dem künig vnd
küngin pracht, do sprach Ypocras: ›Wa mit hast du das kind
artznyet?‹ Er sprach: ›Mit rindere flaisch vnd mit wasser.‹ Do
sprach Ypocras: ›Jch merk, das die künigin, des kinds müter, ist
40 ein hůr.‹ Galienus verantwůrt das nit. Darvmb vnd öch von
siner wißhait wegen Ypocras zornig vnd neydig ward vnd syn-
net tag vnd nacht, wye er in möcht vmb pringen vnd töden.

Es fügt sich, das sie pede mitenander giengint in aynen gar-
ten. Do sprach Jpocras: ›Jch enpfind hye bey aynen gesmak,
45 gar ain gůt krůt.‹ Galienus erkant das krůt vnd prach es ab vnd
gab im daz ze smeken. Vnd da sie fürbas giengint vnd aber
eynes güten krautes gesmak enpfünd, do sprach er aber: ›Was
güten edlen krüt hye stat!‹ Vnd da sich Galienus dar nach puc-
ket vnd ůß wolt ziehen, do zoch Jpocras sein messer ůß vnd
50 stach in hinden zwischen dem grat des [35ʳ] rúkes ein zu dem
hertzen vnd tödet in.

Es geschah aber darnach bald, das Jpocras kam vnd fiel in
grosen gepresten, des roten siechtags; vnd da er im selbs vil
artzney an tet, do half es in nit. Darvmb er schiket all vmb vnd
55 vmb zů den maystren vnd zů sinen jüngeren, das sie kömet
vnd in ernärten. Do sie kömen vnd all ir künst an im versuch-
ten, da wölt es in nit helfen. Do Ypocras merket den tod vnd
den rach gottes, da hyeß er fur im bringen ain faß vol wasser
vnd zaiget inen ain krůt mit der würtzen, die hies er tůn in das
60 voll vas. Vnd da das krůt dar jnnen was, so sprach er zu sinen
jüngern: ›Nement eynen negber vnd durch porent das faß!‹ Sie
tätent das, vnd gieng doch kain tropfe wasser darůß.

---

33 künigin] in *Nachtr.* 38 artznÿet *Hs.* mit *Nachtr.* 54 schiket *korr. aus* schikent.

53 *des roten siechtags*: ›der Ruhr‹. 61 *negber*: ›Bohrer‹.

X. Medicus

Do sprach Ypocras: ›Nement war, wie gottes rach v̇ber mich kümen ist, als ir sehent, wie von kraft wegen des krütes be-
65 halten wirt das wasser in dem lochertem fass, vnd ich hab vil krüter gepraucht zü minem gepresten, vnd mag mir nit verstellet noch gehölfen werden. Hette ich minen fründ Galienum, den ich getöt han, er het mich bald gesund gemachet.‹ Do er das geredet, do keret er sich gen der wand vnd starb also.

70 O herr, bey dem Galienum süllent ir verstan eweren sün; ist das ir in losent töden von red wegen ewr frawen, on zwifel der rach gottes kümpt v̇ber euch vnd geschiht euch v̇bler denn dem Jpocras.« Der kayser sprach: »Das was ein recht rach von got, do er sinen trewen fründ vnd jünger also mordlichen
75 tödet. Zwar min sün, der stirbt hüt nit, daz mir nit öch [35ᵛ] also besche.« Der maister was frö vnd danket vnd gnadet dem keyser erwirdiglich vnd rait hin weg.

Do diß aber die kayserin erhöret, daz der sün lebet, da zezart sie ire klayder vnd schray vnd klaget ir not, das für den
80 kayser kam, wye sie sich selbs wölt töten. Der kayser kam bald zü ir vnd tröstet sie. Sie sprach: »Ach, was trost mag mir versmehten frawen sein! We mir, das ich ye her zü euch käm! Was sind groß fröden in mines vatters land, vnd ich hier so vil widerwärtikit lid. Darvmb mag ich nit swigen, wann was ir mir
85 verhaisent, daz tünd ir kains.« Der kayser sprach: »Jch wais nit, waz ich tün sol. Du hast groß arbait alle tag, wie du minen sün tödist, vnd widerv̇mb die maister, das er lebend beleib.« Sie sprach: »Das ist, daz ich klag, daz ir den maistern mer gelowbent dann mir. Vnd davmb so geschiht euch als aynem
90 künig, der mit schanden floh vnd mit all den sinen betrogen ward von syben maistren vnd erslagen wart.« Do der kayser begeret, das von ir ze hören, do sprach sie:

---

66 nit *Nachtr.* 77 keyser *korr. aus* keysem. 88 ir *über* du *Hs.*
89 gelowbe̊st *Hs.*

---

67 *verstellet*: ›der Durchfall zum Stillstand gebracht‹. 72 *rach* m. = *rache* f., in oberdeutschen Texten d. 15. bis 17. Jhs. nicht ungewöhnlich.

XI. Senescalcus/Roma
Das sechst bispel der kayserin

»Es was ain künig gar vngestalt vnd geschwollen vnd vol
vnflatz, das all frawen ab im erschraken. Diser kayser, der slug
ain felt für Rom vnd wolt sie gewynnen vnd die lichnam der
zwelfbotten Sant Peter vnd Sant Paulus von dannen füren. Da
er üff dem weg in ayner stat benachtet, do rüft er sinen mark-
schalk vnd sprach zü im: ›O min lieber, such mir ain schöne
frawen, die hinnacht bey mir schlafe; ich wil ayner [36ʳ] groß
güt geben.‹ Der markschalk ward begriffen mit geytikait vnd
gedacht in im selbs: ›Du wilt im zü füren dein weib, die gar
hübsch ist; so pist du vnd sie ewiglich berâten.‹

Also gieng er zu siner frawen vnd bat sie, das sie die nacht
bey dem künig leg vnd verdyenot tusent güldin. Die frow wê-
ret sich vnd sprach: ›Vnd wer der künig on all gebresten, so
behüt mich got, das ich vmb kain güt solichz tue.‹ Der mark-
schalk sprach: ›So verhaiß ich got, volgest du mir nit, das du
nyemer güten tag bey mir lebst.‹ Die fraw kom in ain forcht
vnd von forcht wegen gab sie iren willen dar zü. Der mark-
schalk gieng zü dem künig vnd saget im, wie er mit groser
arbait kaum aine hett vberkümen vnd das sie nit mynder wölt
nemen dann tüsent güldin vnd mit geding, das sie wölt kümen
des nachtes vnd des morgens vor tag wider hin weg gan, das
sie von nyemant gesehen vnd gemeldet werd, wann sie gar
hübsch vnd gütz geschleht were. Der künig sprach: ›Es gefalt
mir wol.‹

Do es nacht ward, do bracht er im sin aygen wib an das bett
vnd besloß die kammer. Des morgens gen tag, do kam der
markschal*k* vnd klopfet an der kameren vnd sprach: ›Herr, es
taget vnd ist zit, das die fraw haim gang.‹ Der künig sprach: ›Sie

---

3 *erstes* vnd *Nachtr.*   19 Der] r *Nachtr.*   29 markschalst *Hs.*

4f. *slug ain felt*: ›errichtete ein Feldlager‹.   12 *berâten*: ›versorgt‹.
21 *vberkümen*: ›überredet‹.

gefalt mir wol, ich las sie noch nit hinweg.‹ Dem markschalk ward angst, vnd forchte den tag, das der künig möchte sehen vnd erkennen sin weib, vnd gieng aber vnd klopfet an der tůr. Der kunig sprach: ›Zwar sie gat [36ᵛ] noch nyndert von mir,
35 wann sie mir gar wol gefalt.‹

Also lagen sie beyenander, vntz biß die sün schain. Da sich die fraw angeleit vnd sie der künig besach, do erkennet er, daz sie was sines markschalks weib. Er ward zörnig über in vnd sprach: ›Du groser böẞwicht, warvmb hast du vmb ain klain
40 gütz wegen dein weib gelestret? Dar vmb so gee ůß minen owgen oder du müst hangen an aim ast.‹ Der markschalk gieng von dannen vnd ward nymmerme gesehen; vnd die frawen versorget der künig vnd gab ir gnůg, die weil sie lebet.

Des andern tags kam der künig mit grosem volk für die stat
45 ze Röm vnd beleget sie. Nün in der stat waren syben wiß maister, zu denen giengint die Römer vnd sprachent: ›Jr lieben maister, als ir sehend, wie wir vmbbeleit sind von grosem volk vnd wir die stat nit mügen lang behalten an hilf, dar vmb pitten wir euch, daz ir vns ratend vnd helfend, das wir der
50 zwelfbotten lichnam vnd die stat mügend behalten vnd beschirmen.‹ Der erst maister sprach: ›Dise stat wil ich wol behalten aynen tag.‹ Der ander sprach: ›Also wil ich sie ouch wol behalten ain tag.‹ Des gleichen die anderen all verhiesen ein ieglicher ain tag.

55 Der künig, der troet fast der stat vnd machet mangerly werfzüg, wie er die stat möcht gewynnen. Do gieng der erst maister ůß vnd redet mit dem künig von frids wegen so lang vnd so wißlich, das der künig [37ʳ] des selben tags da von ließ. Also tet ainer nach dem andern. Vnd do es kam an den syben-
60 den vnd yetzunt der künig het gesworn, er wölt moren die stat stürmen, do tröstet der maister die Römer vnd sprach, wie er morn all ir feint wölt bringen in ir hand.

---

42 ward *Nachtr.*

---

47 *vmbbeleit*: ›belagert‹.   56 *werfzüg*: ›Wurfmaschinen‹.

Des morns lait sich der maister an mit ainem wünderlichen rock, der was vol pfaben federen, vnd gieng ůf den höchsten
65 tůrn der stat, da in der künig vnd alles volk wol mochtend sehen, vnd het gemachet vier erschrökenlich grůsamlich grose antlůt vnd dar ein verwurket vier blose glitzende swerter, die da ůß dem münd aynes yetlichen antlůtz giengen. Dise antlůt vmbgaben sin antlut, daz man in nit kont gesehen. Vnd do er
70 also ůff den türn was, do keret er sich langsam vmb vnd vmb; das was gar ein erschrokenlich ding ze sehen, darvmb alles volk ůf dem veld erschrakend vnd sprachend zu dem künig:

›O herr, sehent ir nit das grůsamlich angesicht der heupter mit den swertern? On zwifel, jr got ist von hymel her ab
75 kömen, der da wil streiten für sie vnd mit den swertern vns all ertöden. Dar vmb, herr, ist nit anders ze tůn, dann von dannen fliehen.‹ Der kayser erschrack vnd sah die glitzenden swerter vmbgen mit den forthsamen antlut. Vnd ye mer er es an sah, ye mer forcht vnd grawsen im bracht, vnd prach ůff mit dem volk
80 vnd floch. Do die Römer das sachent, do eyltent sye nach vnd erslugen den künig mit allem sinen volk.

Also, herr, furcht ich, daz euch [37ᵛ] ouch also gescheh mit ewren maistren, die euch mit iren listen betriegen vnd vmbfůren, wie sie wend, vntz biß sie euch zů dem tod bringen vnd
85 mich ze laster bringent als der der markstaller sin weib. Vnd darvmb so rat ich euch, das ir den markstaller, daz ist ewr sün, tünd von ewren owgen, daz er nymer me gesehen werd.« Der kaiser sprach: »Jch sag dir für war, er mùß sterben«, vnd gepot des morgens aber, in ze töden.
90 Do er also gefürt ward, do ward aber ein groß geschray in der stat vnd klag. Aber bald begegnöt inen der sechst maister, Cleophas genant, vnd pat sie, daz sie nit eyltend mit im, vnd kam in den palast für den kayser vnd knyet für in vnd grüst in

---

68 yetliche *Hs.* gieng *Hs.* 72 erˊsprachend *mit marg. Nachtr.:* schrakend vnd *Hs.* 73 nit *Nachtr.* 78 er *Nachtr.*

---

64 *pfaben federen*: ›Pfauenfedern‹. 78 *forthsamen* = mhd. *vorhtsamen*: ›furchterregenden‹. 84 *wend*: ›wollen‹.

erwirdiglich. Der kayser enpfing in alz die andern zorntlich
vnd mit erschrokenlichen worten, wie er sinen sün verderbet
het, den er in trüwen enpfolhen het. Der maister entschuldiget
sich mit warhait alz die andern vnd zu dem letzten sprach er:
»On zwifel, herr, wöllent ir töten ewern sün von ewrs weibs
red wegen, euch geschicht als eynem ritter, der so vil sinem
weib volget, das man sie bede ainem ross ir füs an den swantz
pand vnd durch die stat zu dem galgen füret.« Der kaiser verwundret sich, wie daz wer zügangen, vnd begeret daz von im
ze hören. Do fieng der maister an vnd sprach:

XII. Amatores
Das sechst bispel vnd exempel des sechsten maister

»Es was hie ain kaiser, der hat drey ritter gar lieb. Es was ouch
ain ander ritter ze Rom vnd was ettwas alt vnd nam ain junge
frawen, die er vber alle ding lieb hätt. [38ʳ] Die fraw sang über
all maß so wol, daz ir nyemant glichen mocht, vnd het ain
stym über all frawen süß, das alle, die sie hörtend, würden
begriffen in ir lieb. Es fügt sich, das sie ains mals in irem
sümerhüs gegen der stras gar süßiglichen sang vnd daz der ein
ritter des kaisers, der eltist, da für gieng vnd höret daz süß
gesang; er ward enzünt in ir liebe vnd gieng zu ir in ir hüß.
Vnd do er sie an sah, daz sie dar zu so schön vnd zier was, vil
mer ward er ir holt vnd pat sie, sinen willen ze tün, so wölt er
ir geben hündert güldin. Der frawen geviel daz gelt wol, vnd
sprach zu im: ›Jch wil tün, waz euch lieb ist, vnd euch laßen
wissen, wenn ir on sorg mügend zü mir kümen. Vnd nach dem
alz ich euch zile, so kümend mit dem gelt.‹ Der ritter was fro,
vnd benüget in wol von ir.

---

101 galgen *korr. aus* galget.   3 hat *Nachtr.*

17 *zile*: ›bestimme‹.

Des andern tags sang sie aber frölichen in irem sůmerhůß,
20 da gieng von geschicht der ander ritter da für vnd ward ouch
begriffen in ir lieb vnd kam zů ir vnd redet so vil mit ir vnd
verhieß ir desglichen ouch ze geben hundert güldin, wolt sie
tůn nach sinem willen. Die fraw, die saget im an vnd wölt im
zilen, daz er denn kem mit dem gelt, dar an sich der ritter wol
25 benüget vnd gieng mit fröden von ir. An dem dritten tag sang
sie aber da selbz, vnd geschach dem dritten ritter als den ersten
zwaien, daz er ouch verhieß hůndert güldin. Vnd geschah diß
alles also, daz kayner von dem andren west.

Do die fraw des geltz sicher was, do sprach sie zů irem
30 mann, zů dem alten ritter: ›Herr, jch hab ettwas haimlichs mit
euch ze reden, vnd tůnd ir nach minem rat, so gewynnen wir ere
vnd gůt, des wir bedůrffint, wann wir [38ᵛ] arm sind.‹ Es geviel
dem ritter wol, vnd fraget iren rat. Sie sprach: ›Es sind dry
ritter zů mir kömen von des kaisers hof, ayner nach dem an-
35 dern, das enkainer von dem andren weiß, vnd hat mir ain
yeglicher hůndert güldin verheisen, ob ich sinen willen tet vnd
in ließ bey mir slafen. Vnd dar vmb so rat ich, da mit daz wir
zů dem gůt kůmen, so wil ich den ersten ritter haisen kůmen
mit sinen güldinen an dem abend, so die nacht an gat, vnd den
40 andren vmb die zehenden stůnd, den dritten ze mitter nacht.
So solt du denn stan hinder der tür mit dinem swert vnd wa-
fen, vnd ertöd also aynen nach dem andren. So beheben wir
das gůt, vnd ich beleibe dennoch vnbeschlafen.‹

Der ritter sprach: ›Jch fürchte, es nem ein bös end, wann es
45 mag nit verswigen werden.‹ Sie sprach: ›Jch hab es wol ange-
fangen vnd wil es ouch bringen zů ainem gůten end, vnd
darvmb fürcht dich nit.‹ Der ritter gab sinen willen darzů, vnd
⟨sie⟩ tet künt aynem yetlichen ritter vnd zilet inen die obge-
50 nanten stůnden, dar an sie koment frölichen zů ir. Vnd do also
ein yettlicher ůff sin zil kam vnd an die tür klopfet, da fraget

---

41 der *Nachtr.*

---

20 *von geschicht*: ›zůfällig‹.   23 *saget im an*: ›willigte ein‹.

XII. Amatores

sie ainen yettlichen, ob er die hündert güldin bey in hette, vnd so sie höret ja, da lies sie denn ein. Als bald eyner zü der tur hin ein kom vnd beslossen ward, so slüg der eman von hinden zü, vnd also ertödet er sie alle drey.

55 Do diß also beschehen was vnd sie das gelt, die [39ʳ] druhùndert güldin, genomen hettint, do sprach der ritter zü siner frawen: ›O min liebe fraw, werdent die toden also gefunden, so müsen wir ouch sterben, wann es mag nit gesin, man frag inen an des keisers hof nach.‹ Die fraw sprach: ›Der anfang vnd das
60 mittel ist wol geraten, jch wil im ouch geben ein güt end. Nit fürchtend euch, jr wissent noch nit, was fürsätz die wiber künnent.‹

Nü die fraw het ainen brüder, der was der stat wachter. Do er für das hüs gieng vnd die stünd der mitternach*t* rüfet, do
65 was die fraw, sin swester, bey der tür vnd rüfet im in das hùs vnd bracht im essen vnd trinken des besten vnd redet so vil trülichen mit im, das er ir verhieß bey alle*n* brüderlichen trüwen vnd sine*m* ayd, nyemand da von ze sagen noch ze offenwaren. Do sprach sie: ›O min liebster brüder, jch klag dir, das
70 nechten ain ritter zü mir kam vnd wolt mich nachzoget han vor minem frümen herren vnd gab im darzü böse snöde wört, dar vmb er zornig ward, vnd pillich, vnd gab im aynen stich vnd streich, das er da tod ligt; vnd wais das nyemant ze klagen, der vns helfen müg, dann du, wann du min brüder bist.‹ Der brü-
75 der sprach: ›Nit fürchtend euch, ir habend dem bößwicht recht getan. Gebent mir in in eynem sack, so wil ich in ùf der nechsten brüken in das mer werffen.‹

Do das geschehen was vnd er wider kam in daz hùs, da hies er sin swester, daz sie im des güten win ze trinken brecht. Sie

---

64 mitternach *Hs.* 67 allem *Hs.* 68 sinen *Hs.* 77 werffen *korr. aus* wer.en *(korr. Buchstabe unleserlich).*

---

51 *bey in:* ›bei sich‹; gewöhnlich regiert *bei* in der älteren Sprache nur dann den Akkusativ, wenn es die Vorstellung des Nahens ausdrückt. 70 *nachzoget:* ›vergewaltigt‹ (zu mhd. *nôtzogen*).

46   *Die Historia von den sieben weisen Meistern*

80 ging da hin, [39ᵛ] da die toten lagend, als sie wölt den win
bringen, vnd schrey vnd sprach: ›Der ritter, den du in das was-
ser hast gewörffen, der ist wider kümen!‹ Den brüder nam das
wünder, vnd sprach: ›Bald so gib mir in in dem sak, so wil ich
versüchen, ob er her wider kümen well.‹ Er nam in vnd warf in
85 aber in das mer. Vnd kam wider in siner swöster hus vnd hies
im aber ze trinken bringen. Da gieng die fraw aber hin, da der
dritt tot lag, vnd schray vnd sprach: ›Brüder, der ritter ist aber
wider kümen!‹ Der brüder ward zornig vnd sprach: ›Er ist der
tüfel‹, vnd nam in vnd trüg in zu dem dritten mal in dem sack
90 vnd pand im ain grosen stain an sinen hals vnd warff in in das
wasser. Vnd kam wider zü siner swester vnd lebet da mit ir wol
vnd gieng dar nach zü siner wachte.

Des morgens wart ein groß frogen vnd lang zit dar nach, an
des kaisers hof vnd in der stat, wo die dry ritter wärn hin
95 kümen. Aber das kont nyemant wissen. Es geschah aynes tags,
das die fraw vnd ir man, der alt ritter, mit einander kriegten
vnd fintschaft gewünnen, vnd ainest vor andern lüten sie irn
man lestrete, das er zornig ward vnd sie schlüg. Do schray sie
vnd sprach: ›O du böser man, wilt du mich öch morden, als du
100 die dry ritter ermördet hast?‹ Die wörter brachent üß vnd ka-
ment für den kayser. Sie würden baidü gefangen vnd gichtiget.
Do sich die warhait also [40ʳ] erfand, da wurdent sie baide
rossen an die swentz gepunden vnd zu dem galgen gefürt vnd
da getödt, alz recht gab.

105 Also, herr, hütend euch vor ewrm bösen wib vnd schikent
bald nach ewrm sün, ee er ertodt werd, daz euch nit wirser
gescheh.« Der kayser sprach: »Zwar das was über alle ding ein
böß wib! Vnd darvmb von miner frawen red wegen sol min sün
hüt nit sterben.« Der maister gnadet dem kaiser vnd für hin
110 weg.

---

81 Der *korr. aus* Den.

---

100 *brachent üß*: ›wurden bekannt‹.   101 *gichtiget*: ›peinlich befragt‹,
›zum Geständnis gezwungen‹.   104 *alz recht gab*: ›wie es das Recht
bestimmte‹?

Do das die kayserin höret, daz der sün noch lebet, da gieng
sie vnd schray vnd rawfet ir har úß vnd zezerret ire kleyder
vnd warf sich úf daz ertrich, daz das geschray kam für den
kayser, wie sin fraw wer von iren synnen komen vnd wölt ir
115 selber den tod antuen. Der kayser erschrak vnd kam bald zü ir
vnd hůb sie úff vnd tröstet sie mit güten worten. Si sprach:
»Ach got, mir wer der tod weger dann daz leben, daz ich sölich
versmeh v́brig wúrd, wann ich fürcht, daz ich in ainer kúrtzi
müße elend vnd iamer an euch sehen vnd euch gescheh als
120 aynem künig mit sinem markschalk.« Der kaiser patt sie, daz
sie im das bispel saget. Do sprach sie:

XIII. Inclusa
Das sibend bispel der kaiserin

»Es was ein künig, der hat gar ein schöne frawen, die het er so
lieb vnd besorget ir so fast, das er sie allwegen beslossen hat in
5 aynem vesten turn vnd trůg die slüssel allwend by im; des was
die fraw gar trúrig. Nú was ein ritter in ferren landen wol
geporn, dem trömpt ayner nacht, wie er sehe gar ein schöni
küngin als eygentlich, als ob er sie leiplichen sehe, daz er sie
wol erkänti. Desglichen trömet ainer nacht ouch der kúngin
10 von ainem ritter, vnd wäri, daz sie [40ᵛ] in sehe, si wölti in wol
erkennen. Der ritter gedacht in sinem hertzen: ›Zwar diser tröm
ist nit an sach, er bedewt ettwas groß. Jch will so lang vmb
reyten in der werlt, vntz biß ich die küngin find.‹ Also sas er úff
sin pfärid vnd nam gütz gnug mit im vnd rait durch manig
15 küngrich vnd stet. Ze letzten kam er in die stat, da die kúngin
in dem türn verporgen vnd beslossen was.

---

116 tröstetet *Hs.* 6 ritter *marg. Nachtr.*

117 *weger*: ›lieber‹ (zu mhd. *wæge*). 117f. *daz ich sölich versmeh*
v́brig wúrd: ›damit ich von solch entehrender Geringschätzung frei
würde‹. 5 *allwend*: ›immer‹.

Die Historia von den sieben weisen Meistern

Es geschach ains tags, das er für gieng die bùrg vnd weste nit, daz ein kùngin da was. Die kùngin saß in dem fenster des türns nach ir gewonhait, daz sie die lùt sehe, wann sie sùst kain
20 fröd het; vnd der ritter sach v́bersich vnd erkant sie bey dem tröm. Er ward frö vnd fieng an ze singen ain lied von der mynn. Do die kùngin erhöret sin gesang, do sah sie in an vnd erkant in ouch bald bey irem tröm. Sie ward erfröet vnd gab im gsicht gnùg vnd bewiset im iren guten willen. Der ritter
25 gieng alle tag vmb die bùrg vnd beschawet den türn vnd bewiset der kùngin die zaichen groser lieb.

Die kùngin schraib im aynest ain briefli vnd warff im das hin ab. Do der ritter ir geschrift gelas vnd irn willen gantz hetti, do ward er frö vnd fieng an ze stechen vnd abentẁren so
30 vast, daz sin glı́ch nit waz vnd sin lob für den kùnig kam, so vil, daz in der kùnig an sinen hof nam vnd im der liebste dyener ward; vnd machet in zù sine*m* markstaller, vnd ward mechtig vnd wol verdyenet an dem hoff. Es geschah aynes tags, daz der ritter kam für den kùnig vnd begeret, daz er im
35 erlawbet, ain hus ze bawen an der [41ʳ] mùr der bùrg, wann im wer zukùnftig sin frawen, daz er doch mit ir hette ein aygen wonùng. Es gefiel dem kùnig wol. Der ritter bùwet pald da ein schön hùß; vnd da er allain da was, da grùb er haymlichen an ayner heimlichen stat des türns ain loch, do er dann ùß vnd ein
40 möcht zu der kùngin gen, wenn er wölt.

Do der kùnig aynest des nachtes nit bey ir slieff, da gieng der ritter zù ir vnd grùset sie gar gnediglich. Die kùngin nam ein groß wünder, wie er were zù ir kùmen. Der ritter saget ir alles, wie es mit dem loch ein gestalt hett. Des ward sie frö,
45 vnd lagen die nacht beyenander. Vnd dar nach gieng der ritter durch das loch, als dick er wolt, vnd hatt sin willen mit der kùngin an forcht vnd an sorg. Die kùngin gab im ainest ir köstlich fingerlin, da mit sie der kùnig vermehlet hett. Der ritter hat den breys vnd lob vor allen andern ritterschaft.

---

32 sinen *Hs.*   40 gen *Nachtr.*   48 daz̶ mit *Hs.*

---

20 *v́bersich*: ›hinauf‹.   23f. *gab im gsicht*: ›warf ihm Blicke zu‹.
49 *vor allen andern ritterschaft*: die im Kollektivum enthaltene Vorstellung mehrerer Ritter zieht den Plural der Attribute nach sich.

XIII. Inclusa

Es fügt sich ains tags, daz der künig wolt iagen vnd berüfet den ritter, sinen markschalk. Er kam mit fröden, vnd rittend in das iegt mit vil volks. Da sie ettlich stund iren schimpf hettind getriben, da kamen sie in ain wisen in dem holtz, vnd da ruet der künig vnd ouch der ritter. Der fieng an daz howbt nücken vnd slafen, wann er des nachtes bey der küngin nit vil het geslafen, vnd in dem streket er sin arm von im, das der künig das fingerlin ersah an siner hand, daz er siner frawen hat geben ze ainem zaichen der lieb, vnd ward betrübt in im selbs.

Der ritter merket, daz der künig sin fingerlin het gesehen, vnd tet nyenderz des gleichen, aber er was frölich vnd sprenget sin ross üff dem felt hin vnd her vnd sprach: [41ᵛ] ›Herr, mich dünkt, ich sehe ain schön wilt, ich wil es wol ereylen.‹ Der küng sprach: ›Es gefelt mir wol.‹ Der ritter slüg in sin ross vnd rait ainen anderen vmb weg, daz man in nit mochte sehen, vnd reyt haim vnd pracht daz vingerlin der küngin vnd saget ir, wie daz der künig het gesehen. Sie nam daz vingerlin vnd besloß es ein. Der ritter bald üff sin ross vnd rayt wider vmb den vordrigen weg vnd hinderkom den künig mit sinem volk, der yetz haimwertz rayt. Vnd der ritter rennet hinden nach, als er in dem wald verirret wer; vnd kam zü dem künig vnd saget, wie ez im in dem wald vnd mit dem tier was ergangen; vnd klaget sin hübsch vingerlin, daz im sin müter het gegeben zu ayner gedechtniß, vnd hett daz verlorn in dem wald.

Do der künig haim kam, bald gieng er in den türn zü siner frawen vnd begeret mit züchtigen worten, ze sehen den mahel ring. Die künigin gieng bald vnd sloß irn schrin üff vnd bracht

---

60 nÿederz *Hs.* er *über* es *Hs.* 61 hin vnd her *Nachtr. unter dem Satzspiegel.*

52 *das iegt*: ›die Jagd‹ (»das früher seltene fem. erlangt seit dem 16. jahrh. die herrschaft in der schriftsprache«, DWb IV 2, Sp. 2204). 60 *tet nyenderz des gleichen*: ›ließ sich nichts anmerken‹.   63 *slüg in sin ross*: ›gab seinem Pferd die Sporen‹.   67 *bald*: zu mhd. *balden* ›eilen‹? – oder adverbial bei fehlendem Prädikat? 75f. *mahel ring*: ›Ring als Zeichen des abgeschlossenen Verlöbnisses‹, ›Vermählungsring‹.

im daz vingerlin. Do sprach er: ›Min liebe fraw, wie hab ich hüt
ain vingerlin gesehen, daz dem so gleich was! Dar ab ich er-
schrak vnd hett ain bösen argwan ůff dich.‹ Die kůngin sprach:
80 ›Herr, es ist nit ein wunder, das ain vingerlin dem andern glich
sech vnd so gůt vnd köstlich als diß ist. Aber wann ir böß
argwan ůff mich habent gehebt, das vergeb euch got, besůnder
so der tůrn so wol versorget vnd beslossen ist, dar ein ůnmůg-
lichen ist ze kůmen, dann allain ir.‹ Der kůnig pat sie, daz sie
85 im daz vergeb. Sie sprach: ›Nů vergebs euch got!‹, vnd sah, als
sie fast betrůbt wer. [42ʳ]

Es geschach darnach über ettlich zit, das der ritter machet
ain grose wirtschaft köstelich vnd gieng zů dem kůnig vnd
sprach: ›Herr, min bůl ist kůmen, die ich hie zu der ee vor ewr
90 wirdikait wil nemen, dar vmb ich das schön hůß hab gema-
chet; bitt ich ewr wirdikait, daz ir morn wöllent in miner wirt-
schaft vnd mit miner frawen essen.‹ Der kůnig sprach: ›Jch wil
dir gern die er tůn vnd zů ir kömen.‹ Der ritter ward frö vnd
gieng durch daz loch des tůrns zů der kůngin vnd saget ir, wie
95 der kůnig wolt moren mit ir essen in sinem hůß. Die fraw
sprach: ›Dein will sol beschehen.‹ Der ritter entlehet von andern
frawen köstliche klayder mit mangerly geziert vnd klaidet da
mit die kůnigin.

Da des morgens zit was ze essen vnd der kůnig in des ritters
100 hůs zů dem tisch gesessen was, do setzet er an sin siten die
kůnigin. Der kůnig fraget in, wer die schön fraw wer. Er
sprach: ›Herr, sie ist min bůl, von ferren landen her kůmen,
vnd fordert mich zů der ee.‹ Der kůnig merket ir red, ir geperd
vnd antlůt, vnd ward sin hertz swer vnd hin vnd her denken,
105 wie es sin fraw wer, wann sie ir glich ist mit allen dingen. Aber
wann er die slůssel des tůrns bey im trug, so hofftet er, sie wer
nit sin fraw, vnd keret sich zu ir vnd leget ir für, des sie gar
frůntlich kont sich halten gen im mit worten vnd werken, vnd
wart der tisch mit fröwden volbracht.

---

106 sie *über* es *Hs.*

Vnd do man von dem tisch gieng, do gnadet der künig die
frawen vnd gieng bald in den türn, ob er sin frawen da fünd.
Die kungin, die kam er zů dem loch in den türn vnd liez die
fremde klaider in dez ritters [42ᵛ] hůs vnd leget an ire klaider
vnd gieng in ir kameren vnd werket da. Da der künig zu ir
kam, do ward er frö vnd vmbhiels sie vnd sprach: ›O min al-
lerliebste, jch han yetz zů dem andren mal an dir gesündet.‹ Sie
sprach: ›Wie ist dem?‹ Er sprach: ›Jch hab hůt gessen mit dem
fremden ritter, der hat ain bůlen, die dir gantz mit allen dingen
so gar glïchet, daz ich kain vnterschaid mag erkennen, vnd hab
gewönt, du syest es gewesen.‹ Sie sprach: ›Herr, ich hab euchs
vor gesait, vnd selbs wol wissend, das jch pin ain gefangne
fraw, vnd nyemand dann ir zu mir kan kümmen. Jch mag es in
die leng nyemer erleyden. Jr soltend pillich bedenken, als
müglich ist, daz ein vingerlin dem andren sich mag glïchen,
also mag ouch ain mensch dem andren gleichen.‹ Der küng
sprach: ›Es ist war, jch hab gesündet. Es sol aber nyemer ge-
schehen.‹

Dar nach über ettlich tag, da kam der ritter zu dem künig
vnd sprach: ›Herr, mir ist botschaft kümen von den minen, wie
min vatter tod sey, darvmb ich von nôt wegen heym sol vnd
můß. Dar vmb ich ewr gnad bitte, durch aller miner trewedinst
wegen, die ich euch getan hab vil zïtes, vnd für min lon mir ze
eren wöllet selbs geben in der gegenwertikait des priesters mi-
nen bůlen, die so ferren lands nach mir kümmen ist, wöllet
geben zů der ee.‹ Der küng sprach: ›Das wil ich gern tůn, vnd
gefiel im wol.‹

Die küngin nam zů ir all ir zierd vnd klaynet des glïchen.
Der ritter, der ein schieff hett bestelt an dem mêr vnd enpfalh
das dem schiffmaister. Vnd kamen pede für den künig mit dem
pfaffen, vnd gab sie der [43ʳ] küng pede ze samen zů der ee in
des priesterz handen. Do das geschehen was vnd alle ding wol

---

111 der *Hs.*

112 *er*: ›früher‹.   137 *klaynet* = mhd. *kleinôt*: ›Kostbarkeiten‹,
›Schmucksachen‹.

versorget vnd was zü dem schieff gehöret, do gnadet der ritter
vnd die fraw dem künig mit groser dankberchait vnd wirdi-
kait. Do der küng daz sach, von groser lieb wegen gab er ynen
145 mit selbz leib ain gelait, vntz biß sie eingesaßen in das schieff,
vnd ouch in der gegenwertikïit vil volkz der stat, wann
mänglich laid was, daz er hin weg wölt. Der künig gab jnen
sinen segen, vnd füren von dannen.

Das schief hett ain starken nachwint, vnd stünd der künig
150 mit dem volk so lang, vntz biß sie daz schief mit dem segel
nyemer mochten gesehen. Der künig gieng haym vnd kam in
sinen türn vnd begeret zü sehen sin frawen. Do er sye nit fand,
do süchet er sye an allen örtern des türns vnd kam zü dem
loch, da der ritter vnd sin fraw üß vnd ein waren gangen nach
155 irem willen vnd sie hin weg hett gefürt. Do sprach er: ›Ach we
mir, das ich so törlich minen gemahel hab verloren, das ich des
fremden bößwicht worten mer geloubt han denn minen aigen
ögen!‹

Also, herr, geschiht euch ouch. Jr geloubent ewrn maistern
160 so vil vnd so lang, vntz biß ir vnd ich mit euch geschendt vnd
gelestret werden, vnd haltent mer üff ire wörter, denn an die
ding, die ir wissent vnd gesehen habend mit ewrn owgen.« Der
kayser sprach: »Zwar ich geloub minen ougen bas dann iren
wörteren, dar zu dü mir ain güt bispel hast gesagt. Vnd ich
165 verhaiß dir, daz min sün nyemer beleiben sol üff dem ertrich;
er müß sterben.« Vnd gepot, [43ᵛ] ⟨in⟩ des morgens bald ze
töden on alle gnad.

Es ward aber ain groß geschray vnd klag des volks vmb des
kaysers sün. Do kam der sybend maister, Joseph genant. Do
170 in der sün ersach, do naigt er sin howpt gen im, als er sprech:
›Hilf mir üff disen tag, als die andren maister hant getan, so ist
mir fürbaz geholfen vnd pin genesen.‹ Der maister pat die in
fürten, daz sie nit eyltend mit im, des sie frö warend vnd daz

---

153 örtern *Hs.*   166 ⟨in⟩ durch den Seitenwechsel ausgefallen.
168 ~~geleuf vnd~~ geschary *Hs.*

---

149 *nachwint*: ›von hinten her wehender günstiger Segelwind‹.

XIV. Vidua 53

geren tätint. Wann sie hoftend, alz in die andren maistren be-
175 halten hettint bey dem leben, also tet er ouch. Der maister
kam zu dem kayser vnd kont gar kaum für kümmen vnd knyet
für den kayser vnd redet gar erwirdiglichen über die andren.
  Der kayser enpfing in v̇bler, mit zornigen worten, dann die
andren all. Der maister sprach: »Min leib vnd leben ist in
180 eweren henden, darvmb ich mich wil geren gefangen geben, ist
ob ewr sün moren nit reden wirt vnd die warhait offenwaren
vnd sich versprechen; vnd nimpt denn der kryeg ain end zwi-
schent im vnd v̇wer frawen.« Do sprach der kayser: »Jch beger
von got nit mer, dann daz ich minen sün hörte reden vnd sich
185 selbs entschuldigen vnd versprechen.« Do sprach der meister:
»An zwïfel, es geschiht moren, vnd dar vmb haisent ewrn sün
widervmb füren, anders es geschicht euch, als aynem ritter
beschach, der starb vmb ain klains blütz sines wïbs.« Der kay-
ser sprach: »Das ist wol ain wünder; sag mir diß bispel.« Er
190 sprach:

XIV. Vidua
Das sibend exempel des sibenden maister

»**E**s was ein ritter, der hat gar ain schön frawen, vnd [44ʳ] die
was im so lieb, das er an sy nit mocht gesin. Es fügt sich ainest,
5 daz sie mitenander kürtzweiletend vnd spiltend mit würffelen.
Nü hat der ritter an geverd ain klain messerlin in siner hand
vnd enpfiel der frawen ain würffel, dem sie bald nach greif, vnd
an geverd slüg sie ir hand in daz messer vnd ward blütrünstig.
Do der ritter daz blüt ersach, do erschrak er so vast, daz im
10 ammechtig ward vnd gantz krafftloß, vnd viel so swerlich in
daz pett, daz im nyemant west ze raten, denn man lof bald

---

184 hörte] te *Nachtr.*

---

182 *sich versprechen*: ›sich verteidigen‹.   6 *an geverd*: ›zufällig‹.

nach dem pfaffen, in ze versorgen, vnd eê er kam, do was er
töd. Do ward ain groß geschray vnd wainen in der stat vmb
den ritter, vnd besúnder sin fraw, die nyemand kond getrö-
15 sten, vnd klaget: ›Ach vnd we, waz sol ich tün, was sol ich
anfahen? Jch wil zü ewigen ziten an man sin.‹

Do der ritter herlich vergraben ward, da viel die fraw kleg-
lich ùff daz grab vnd verhieß got, sie wölt ouch da sterben mit
irem mann. Die fründ sprachen zu ir: ›Nü was ist siner sel oder
20 diner nucz vnd beholfen, daz du da verderbest? Dir ist weger,
du gebist durch siner sel willen spend vnd almùsen, daz ist im
nützer.‹ Sie sprach: ›Jr bösen rat geben, war vmb solt ich nit
sterben von sinen wegen, der durch mynen willen tod ist?
Darvmb machent mir hie ob dem grab ein hüßlin vnd versor-
25 gent mich mit notdürft, wann ich kümm nit von dannen.‹ Sie
tetend nach irem willen vnd giengent von dannen.

Nu was ein gesetz der selben stat, wenn man ein ùbeltetigen
menschen wolt töten, so müst allwegen der lantvogt der selben
nacht wachen vnd dez lichnams an dem galgen warten, daz er
30 nit abgeslagen vnd ver[44ᵛ]stolen würd, oder sin güt vnd sin
leben stünd an des kúnigs gnaden. Es fügt sich des tags, als der
ritter in der pfarr kirchen, die da was vor dem tor der stat,
begraben wart, daz ain schächer ward erhenkt, vnd der lant-
vogt der selben nacht müst da bey dem galgen in sinem har-
35 nisch wachen vnd warten, vnd die selbe nacht gar kalt ward.
Do er also do waz, in der nacht fieng in an ze friren so fast,
daz er wönd, solt er sich nit wermen bey ainem fewr, so müst
er sterben, wann es winter waz. Vnd darvmb sach er zü der stat
vnd sach ùff dem kilchhoff ain fewr vnd ain liecht.

40 Er gieng dem liecht nach vnd kam zü dem hüßli, da die fraw
innen waz, vnd klopfet an. Die fraw erschrak vnd fraget, wer
vmb dise zit da wer. Der lantvogt nennet sich mit namen vnd
klaget sinen frost vnd verhieß, ir kaynerly vnzücht ze tün, we-
der mit worten noch mit werken. Sie ließ in ein, vnd wermet
45 sich. Do er erwarmet bey dem fewr, do sprach er zü ir: ›Min
liebe fraw, wer euch ze raten, so wolt ich euch raten, daz ir
heim in ewr hüß giengent vnd almùsen gebend für die sel ewerz

XIV. Vidua

mans, daz wer im nützer vnd besser, denn daz ir also euch
verderbent. So sint ir noch ain jünge schöne fraw, daz ir
50 möchtend vil schöner kind haben. So habend ir gutz gnüg, daz
ir möchtend mit ainem andern mann alles ewr kummer ergetzet werden.‹ Sie sprach: ›O vogt, daz tü ich nit, wann er ist von
miner lieb wegen tod, darvmb wil ich von sinen wegen hie
ouch sterben.‹

55 Do sich der vogt wol gewermet hetti, do [45ʳ] gnadet er der
frawen vnd rayt wider zü dem galgen. Vnd do er da hin kam,
do was im der schächer verstolen. Er ward über all maß bekümert, wann er was mit leib vnd gut verfallen dem künig vnd
west nit, waz er tün solt. Er gedacht in im: ›Du solt wider vmb
60 zü der frawen, wann sie selig ist, die dir vor geholfen hat. Die
mag dir yetzunt ain güten rat geben.‹

Also kam er aber zü ir vnd klopfet an vnd verhieß ir als vor
vnd pat sie so vil mit züchtigen worten, das sie in aber ein ließ.
Do sprach er: ›O jr selige fraw, jch beger ewrz ratz. Alz ir
65 wissent daz gesetzt der stat – so man ain menschen töd, so
müß ich sin warten; wirt er aber verstolen, so ist der vogt
verfallen leib vnd güt dem künig. Jn denen nöten vnd angsten
pin ich yetz; wann die weil ich mich hye bey euch gewermet
han, so ist er mir verstolen worden.‹ Sie sprach: ›Daz ist mir fast
70 leid; doch so volge mines ratz.‹ Er ward frö vnd sprach: ›Gern.‹
Do sprach sie: ›Jch hab mich sieder bedacht nach dinen worten
vnd rat, vnd dar vmb, gefalt es dir, daz du mich nemest zü
ainem eelichen weib, wann ich süst kainen andren beger dann
dich.‹ Der vogt sprach: ›Daz gefelt mir über alle ding wol, vnd
75 dank euch der grosen demüt.‹ Vnd also verhiesen sie pede an
ain ander die ee. Do diß also geschehen was, do sprach die
fraw zü im: ›Min lieber man, seit des mals daz es dir so kümerlich ergangen ist vnd ich dir yetzunt gütz schüldig pin, so

---

48 denn *Nachtr.*   60 ist *Nachtr.*   75 grose *Hs.*

---

65 *gesetzt = gesetz.*   67 *verfallen leib vnd güt*: »in älterer zeit ist das
verwirkte am liebsten im accusativ beigefügt« (DWb XII 1, Sp. 299);
ebenso XV 474.   69 *fast*: ›sehr‹.

rat ich, das wir daz grab ůff tůn vnd dar ůß nemen den toden
80 lichnam, der noch frisch ist, vnd henk in an dez schächers stat
[45ᵛ] an den galgen.‹

Da sie in hatten ůß graben, do sprach er: ›Fraw, ich besorg
vnd fürcht mich ǔbel. Der schächer hat der obren zen in dem
münd nit gehebt; so man den lichnam wirt beschawen vnd
85 findet man die zen, so sprech man, jch hett ein andren ermörd
vnd getödet, vnd also wer ich aber min leben vnd leib ver-
fallen.‹ Die fraw sprach: ›So nim ain stain vnd slag im die selben
zen ůß.‹ Er sprach: ›Ach fraw, er was min so gůter gesell in
sinem leben, daz ich im nit mag tůn.‹ Sie nam bald ain stain
90 vnd slůg im die selben zen ůß.

Er sprach: ›Fraw, ich fürht noch ains. Der schächer hat ŏch
kain oren vnd hat ain groß wünden in daz hŏpt gehebt.‹ Sie
nam daz swert von im vnd hieb im ain wünden in das howbt
vnd slůg im ab die oren vnd sprach: ›Nů henk in frölich.‹ Also
95 hankt er den töten leib irs trewen mans an den galgen. Vnd do
er wider zů der frawen kam, do sprach sie: ›Nů pist du erlöst;
morn wöll wir heim vnd hochzit mitteinander haben.‹ Do
sprach der vogt: ›O du arme schnöde fraw, der tüfel solt dich
nemen zů aynem weib! So du dinem ritter vnd mann also elen-
100 diglich hast gehandlet, das ich nit torste tůn, der durch dinen
willen töd ist, solt ich dich dar über nemen? Zwar, du tuest
nyemer sölichs mer!‹ Vnd also in dem zorn viel er der frawen in
ir gürgel vnd hals vnd erstêcket sie, das sie starb, vnd ward da
begraben.«

---

92 gehebt *marg. Nachtr. (Zeile in den Rand hinein verlängert).*

86f. *min leben vnd leib verfallen*: besser *mit leben und leib* ? – vgl. aber
die Anm. zu Z. 67.

Fortsetzung der Rahmenerzählung

Der kayser sprach: »Vnder allen frawen was sie die böst. Zwar von miner frawen red wegen sol min sün hüt nit sterben.« Der maister [46ʳ] danket vnd gnadet dem kayser erwirdiglichen vnd gieng von dannen vnd kam zü den andren maistren. Do sie all syben bey ein ander warend, do hetten sie rat, in welher wise vnd in welher stund sie den sün dem kayser wöltend antwürten, vnd hettend ouch sinen rat dar ümb. Er sprach zü den maistren mit groser dankperkait vnd wirdikait: »Morn zu der tertz zït ist es zït, daz ich red vnd üch mit mir behalte.« Diß hörtend die knecht des türns, vnd kam das wort für den kayser, wie sin sün so wißlich vnd wol künte reden. Der kayser ward frö vnd erpaitet kaum mit groser begird des morens, daz er hörte sinen sün reden, vnd enpfalh den knechten, daz sie in liesen zu den maistren.

Des morgens laitent sie in an mit pupur vnd köstliche klaider vnd gieng ain maister an eyner siten vnd der ander an der andren vnd die ander maister hinden nach, vnd hetten geordnät mangerly saitenspil vnd busünen, die da vor giengint. Do wart die gantz stat von den trumeten bewegt vnd lof ein groß volk zü mit grösen fröwden, die in vor vmb sinen tod beweinöt hetten. Der kayser höret das getön vnd gesang. Er froget, was daz wer. Jm ward geantwürt: »Herr, es ist ewr sün, der kümpt, vor euch vnd vor allen fürsten ze reden.« Der kayser sprach mit frouden: »Das sind die beste mer, die ich ye gehöret.« Vnd gieng im engegen vnd enpfieng in.

Do sprach der sün: »Got gruß vnd behüt dich, min erwirdiger vatter vnd herr.« Der kayser, der vmb fieng in vnd danket im mit frouden vnd füret in in den palast. Do der sün an fieng ze reden, do ward daz gelöff dez volks so vil vnd so groß, daz in nyemand mocht gehören. [46ᵛ] Do gepot der kayser, daz

---

15 zu *Nachtr*.   25f. Vnd ~~Do der~~ gieng *Hs*.

---

10 *tertz zït*: dritte Tagesstunde (9 Uhr morgens).

man gold vnd silber ab an die straß würffe, daz dardurch daz
volk da nyeden belib vnd das treng nit ze groß würde. Vnd
ward oben in dem palast ein sweigen gerüfft bey leib vnd le-
35 ben. Vnd do ein sweygen vnd still ward, do sprach der sün:
»Herr vnd vatter, ich beger ze sehen ewr frawen, miner stief-
müter, mit allen iren jüngfrawen, die zu ir kamer gehörent.«

Do des kaysers gepot kam für die kayserin, do erschrak sie
von allen iren krefften, das sie sich sölte stellen mit iren jùng-
40 frawen vor dem kayser vnd dem sün vnd herren vnd allem
volk. Sie kam mit betrübten zittrend hertzen vnd naygt sich
gegen inen. Da sie also stünd vnd ir jungfrawen nebend ir, do
sprach der sün: »Jch sich an der gestalt ainer jungfrawen hie,
daz sie ist ain knab vnd nit ain tochter.« Die jungfrawen sahen
45 an ein ander an, vnd möcht nyemand anderz erkant werden,
denn sie wern all töchter. Der sün sprach: »Die nächst jung-
fraw, die ir an ir siten stat, die beschaw man, so findet man die
warhait.« Sie ward bald beschawet, vnd ward gefünden, daz
sie was ein knab, der die kayserin beslieff, wenn sie woltend.
50 Der kayser, do er daz vernam, do ward er enzünt in zorn
vnd gepot, daz man sie alle pede verprennet. Der sün sprach:
»Vatter vnd herr, es ist noch nit zīt, das vrtail also fellen vnd
sie ertöden, es sind noch andre sachen vor handen, die da an
den tag müsen kümen vnd menglichem ze wissen werden, das
55 man erkenne min vnschüld vnd ire bößhait.« Der kaiser
sprach: »O min lieber sün! Jch enpfilh dir die sach, wann [47ʳ]
du pist wiser dann jch.«

Der sün sprach: »Herr, es ist göttlich vnd recht, das die
warhait offnet werd vnd die sünd gestrafet. Als ir nv̇ nach mir

---

32 dardurch] *zweites* r *Nachtr.*   38 do s̶e̶ erschrak *Hs.*   40 allen *Hs.*
47 man *Nachtr. über* i̶r̶.

33 *treng*: ›Gedränge‹.   34 *gerüfft*: zu mhd. *rüefen* swv. = *ruofen* stv.
44 *tochter*: ›Mädchen‹, ›Jungfrau‹ (vgl. frz. *fille*).   45 *an ein ander an*:
vgl. XV 157.

hattend geschikt von ewr frawen heisen wegen, do erkant ich
mit minen maistren vnd sahent das an dem gestiren, wie ir will
böß was vnd falsch gegen mir, vnd wie ich ee hett gerett wider
sie, so müst ich tod vnd gestorben sein, alz es sich in den syben
tagen wol hat erschinet; vnd daz ist die sach, warvmb ich pin
ain stüm gewesen vnd hab mit sweigen der zit erbaitet vnd
wölt mich nit ee entschuldigen von der grosen schand wegen,
die sie mir züleget vnd klaget, ich wölt sie nachzuchtiget haben
über irn willen, dar vmb hett ich ir ir antlut vnd klaider zer-
zerret. Aber wider vmb geschah es, wann sie leget an mich
allen iren fliß vnd pet, daz ich mich zu ir leget an ir bett, vnd
do sie sach, daz ich ir das enkains wegs verhengen wolt, do
schray sie vnd schendet selbs ir antlüt vnd ire klaider.«

Do der kaiser daz erhört, do sah er sie mit grymmen an vnd
sprach: »O du böß wib über all ander! Hettist du nit an mir
vnd an dem püben gnüg, du woltest dar zü haben minen sün?«
Sie gab sich bald schüldig vnd vil üff daz ertrich vnd pat vmb
gnad. Der kaiser sprach: »Was gnad mag dir geschehen, so du
nit allain aynen tod verschüldet hast, aber dryfaltigen tod ver-
dyenöt. Jch hab daz vrtail enpfolhen vnd geben in die hend
mins süns, der die warhait vnd gerechtikit weiß. Vnd die stünd
sey gesegnöt, in der er geporn ist vnd in denen ⟨in⟩ die maister
gelernöt vnd vor dem töd beschirmet haben mit iren hübschen
bispeln.« [47ᵛ]

Do er daz het geredt, da keret er sich gegen sinen sün vnd
sprach: »Dar vmb pitt ich dich, daz du vns ouch, als dein
maister, wöllest sagen ain bispel, daz darnach daz vrtail werd
geben nach recht vber dise pede.« Vnd gepot, daz man schwi-
gi. Do fieng er an vnd sprach:

---

67 nachzuchtigen *Hs.*   haben *marg. Nachtr.*   80 der *korr. aus* das.

69 *wider vmb*: ›umgekehrt‹.   71 *verhengen*: ›erlauben‹.

XV. Vaticinium/Amici
Das letzt bispel, das Dioclecianus allain saget

»Es was ein ritter, der hat ainen sün, den er hatt gar lieb, vnd enpfalh in ainem maister in ferren landen, daz er in lêrti. Der
5 knab, der wüchs an dem alter vnd an künst vnd was von iederman lieb gehept. Do er yetzunt in den syben künsten ain maister was worden, do schikend sin vatter nach im. Der sün was im gehorsam vnd kam haim, alz er im enbotten hat. Vatter vnd müter froutend sich ir süns, wann er hübsch vnd ade-
10 lich vnd wiß was über all ander gelêrten.

Es fügt sich ains tags, daz der vatter vnd die müter ze tisch saßen vnd er da vor stünd vnd inen dyente, do sang ain nachtigal gar wol vor dem fenster üff ainem bowmen. Dar an der ritter vnd die fraw ain wünder nam, daz er sprach: ›O wie selig
15 der wer, der diß vogels gesang verstünd vnd die betütniß üßlegen kont!‹ Der sün sprach: ›Jch weiß es vnd kan es versten, aber ich sol es nit sagen, wann ir hettenz villich ver übel von mir.‹ Der vatter sprach: ›Min lieber sün, nv̇ sag vns!‹ Der sün sprach: ›Lieber vatter, diß gesang bedütet mir grose ding.
20 Wann mir zukünfftig ist, [48ʳ] daz ich so mechtig sol wern vnd zü sölchen eren kümen, daz ir mir allü werdent êr bieten, also daz mir min vatter wird wasser geben an min hend vnd min müter die hant zwehel, die hend ze trüken, so ich ze tisch gang, ist das ich inen das vertrag.‹

25 Der vatter erschrak vnd fieng an ze hassen sinen sün vnd gedacht: ›Zwar du wirst min herr nyemer.‹ Vnd dar vmb aines tags sprach er zu sinem sün: ›Sün, kümm, wir wollen ainß spatziren vnd faren üff dem mer!‹ Der sun, der was gehorsam, aber doch besörget er sich, daz er sich ring an leit, wann er
30 kont wol swymmen. Do sie also furen üff dem mer, do nam in

---

13 bŵmen *Hs.*

---

23 *die hant zwehel*: ›das Handtuch‹.   *trüken*: ›trocknen‹, Ausfall des stammbildenden *n* (DWb XI 1.2, Sp. 763).   24 *vertrag*: ›gestatte‹.
29 *sich ring an leit*: ›sich leicht anzog‹.

der vatter vnd warff in uß dem schiff in daz mer vnd keret sich bald vmb vnd für wider haim.

Der jüngling, der schwam ferren, vntz biß er kam zü aynem schrofen, darúff saß er drey tag, ob ain schief da für gieng. An
35 dem vierden tag da kament schiflút vnd fürent für den stain. Der jungling rufet si an vmb hilf vnd erlösung. Die schifflút sahent, daz er gar hübsch waz vnd klug; da namen sie in in das schef vnd fürtend in in ferre land zü aynem hertzog, do gaben sie ⟨in⟩ im ze kouffen. Der hertzog het den jüngling úßderma-
40 ßen lieb, wann er weißlich vnd ordenlich was in allen sinen sachen über all ander in sinem hof.

Es geschach aines tags, das der künig des richs berüffet allen weisen fursten vnd herren zü ainem gemainen rat. Do der hertzog das [48ᵛ] vernam, do nam er mit im den jüngling. Do sie all
45 ze samen koment, do lait der künig ain frag für vnd sprach: ›Ein großi sach ist mir zehanden gangen, die mich betrubt. Jch essi oder trinke, ich reyt oder gang oder was ich tue, so fliegent mir dry rappen nach mit schreyen als erschrokenlich, daz es mir ein schwere sach ⟨ist⟩ ze leiden vnd dester er müß sterben.
50 Vnd darvmb, ist yemand, der mir gesagen kond, warvmb sie schryen vnd warvmb sie mir nach fliegend vnd das er mir ir abhülfe, dem wil ich min aynige tochter geben, vnd nach minem tod sol er besitzen das reich, wann er sin wirdig ist.‹

Es ward nyemand gefünden in dem rat, der im ettwas dar
55 úff möchte oder könte antwürten. Der jüngling sprach heimlich zü dem hertzog: ›Herr, were, das der künig stät hielti sine wörter vnd verhaisen, ich wölte im siner frag gnüg tün.‹ Der hertzog sprach: ›Mag ich aber daz dem künig sicher sagen?‹ Er sprach: ›Ja, dar vmb wil ich setzen min leben.‹ Der hertzog
60 offenwaret das dem künig von dem jüngling, der siner frag möchte genüg tün, wölt er anders halten, das er verhaisen hett. Der künig sprach: ›Bey miner kron, was ich geredt han, das wil ich trǔlich halten.‹

---

52 abhülfe† *Hs.*

---

34 *schrofen*: ›Felsklippe‹.

Der hertzog bracht den jüngling für den künig vnd ward
erlich enpfangen, vnd sprach: ›O du güter jünglig, [49ʳ] kanst
du zü miner frag antwürten?‹ Er sprach: ›Herr, vernement mine
wort, so merkent ir, war vmb die rappen zü euch schreyen vnd
nach fliegend. Vnd denn so volgent miner lere, so kümend ir
der rappen ab an alle sorg.‹ Der künig sprach: ›Daz beger ich ze
hören.‹ Do fieng der jüngling an vnd sprach:

›Diß drey rappen sind [. . .] ain er vnd ain sie mit irem jüngen,
das sie mitteinander haben bracht. Nü was zü den selben zïten
in dem land ewrs küngrichs ein gegint, in der so groß hünger
was, daz sich weder der mensch üff dem ertrich noch der fogel
in den lüfften mochtend erneren. Nü lag der iüng rapp in dem
nest vnd ward gantz verlasen von der müter, wann sie hinweg
flüg vnd kam nyemer zü dem iüngen. Aber der rapp, der vatter,
der enthielt den iüngen in dem nest mit groser armut; vnd was
er fand zü siner narüng, das gab er dem iüngen; vnd also
erneret er das iüng, vntz das es selbs fliegen ward vnd sich
möchte erneren.

Do die zït kam, daz der hünger üß dem land kam vnd üff-
höret, da kam des iüngen rappen müter wider vmb vnd wölt
gemeinschaft mit im vnd de*m* vatter haben als vor. Das wil nv̇
der rapp nit liden, der den iüngen ernert hat mit vil hüngers
vnd armüt, vnd sie flüchtig wurd von irm iüngen vnd lies es
also liegen in dem neste vnd galt ir glïch, ob es stürb oder
genese. Darvmb die müter, die räppin, yetz widervmb streit
wider den man vnd maynt, wer sie nit gewesen, so wer daz
iüng auch nit, vnd hett ouch vil erlitten, er sie es brächt, [49ᵛ]
vnd darv̇mb maynt sie als pillich gesellschafft mit im han vnd
fröd als der vatter.

Nü, herr, wann es ist, daz ir gewaltig sind in ewrm küng-
rich v̇ber alles daz, das jnnen ist wonen, nit allein über die
menschen vnd was üff dem ertrich vnd ⟨in den⟩ wêlden wand-

---

71 *nach* sind] ains ist *Nachtr.*   80 er *marg. Nachtr. vor* es *(am Anfang der folgenden Zeile).*   84 den *Hs.*

---

72 *bracht*: ›zur Welt gebracht‹.   95 *wêlden*: ›Wäldern‹ (zur Form vgl. DWb XIII, Sp. 1072ff.).

let, aber ouch, was in dem wasser vnd in den lüfften wonet, die
ir alle bey iren rechten behüten vnd beschirmen süllint, dar
vmb so fliegen euch diß rappen nach alz aynem rechten richter
vnd irem herren, das ir sie vereynigent vnd recht sprechint,
100 weders vnder inen sol han rechte fröd vnd gesellschafft mit
dem iüngen rappen. Vnd das ist die sach, herr, warümb sie
euch nach schreyen. Vnd dar vmb so gebent recht vrtail, so
fliegend sie wider in ir land vnd werdent denn nyemer me ge-
sehen.‹
105 Do daz der künig erhöret, da gieng er her für üß sinem
palast. Vnd do in die rappen sahen, da schriren sie zü im als
vor. Do sprach der künig: ›Wann die müter den iungen rappen
ließ in den grosen nöten, dar vmb ist pillich vnd recht, daz sie
öch beroubet sey siner gsellschaft, wie wol sie spricht, sie hab
110 armüt vnd smertzen gelitten in siner gebürt; die selb pein
bracht ir fröd vnd ward in fröden verkert, do sie ir frucht in
dem neste fürkümen was. Aber der rapp, der da öch mag an-
derswo iunge machen vnd doch an der not den iungen rappen
füret vnd erneret – dar vmb gib ich vrtail, das der iüng rapp
115 sol bey dem vatter [50ʳ] beliben vnd fröd mit im han vnd nit
mit der müter.‹ Do die rappen des künigs vrtail hörtent, da
flügent sie mit aynem geschray hinweg vnd würdent nit mer
gesehen.
    Der künig ward frö vnd nam den jüngling vnd froget in, wie
120 er hieß. Er sprach: ›Ich bin genant Alexander.‹ Der künig
sprach: ›O min lieber sün, ich wil, das du für bas kainen andren
vatter sprechest dann mich, wann ouch min tochter din ist;
vnd nach minem tod, so wirstu herr vnd künig in minem rich.‹
Der Alexander beleib also in dez küngs hof vnd ward von
125 mengklich lieb gehebt. Er vieng an ze stechen vnd türniren,
vnd ward sin glichen nit gefünden, vnd was abentwer was, daz
wölt er wissen.

---

112 *fürkümen*: meint hier wohl, was jedoch in den Wbb. nicht belegt
ist, ›entledigt‹, ›entbunden‹, falls der Satz nicht ohnehin fehlerhaft
überliefert ist; dann wäre *sie* in Z. 111 zu streichen.   125 *mengklich* =
yederman (148).

Zu den selben ziten was ein kaiser, genant Cirus, der all
herren der werlt übertraf an höflichait; vnd was dem adel
130 zügehört, daz was alles in des kaisers hof. Do Alexander das
vernam, do sprach er zü dem künig: ›Herr vnd vatter, jch hör
so vil von dem kayser, daz mich belanget zu im, zü sehen vnd
leren die ding, die zü wißhait vnd adel gehörn.‹ Der künig
sprach: ›Es gefalt mir wol; du solt aber vor min tochter zü der
135 ee nemen.‹ Er sprach: ›Es dünkt mich noch nit zit, vntz bis ich
wider kümm.‹ Der künig sprach: ›Was du wilt, daz wil ich ouch.
Doch so wil ich, das du volks gnüg mit dir nemist vnd silber
vnd gold.‹

Alexander kam mit groser zierd für den kayser vnd grüset in
140 knyend mit all den sinen. Der kaiser stünd üff von sim sal vnd
enpfing in gar erwirdiglich vnd frogt in, von wann er köm vnd
warvmb. Er sprach: ›Jch bin [50ᵛ] des künigs sün von Egipten
land, genant Alexander, vnd pin kümen euch ze dyenen
nach ewrm willen.‹ Do sprach der kaiser: ›Min will sol es altzït
145 sin, vnd dar vmb so du pist so adelich, so solt du war nemen
miner speiß vnd schüssel.‹ Also ward Alexander enpfangen an
des keysers hof vnd im geordnet ain kamer nach sinen eren,
vnd ward liebgehebt von yederman.

Es geschach über ettlich tag, do kam auch ze hoff gritten
150 des künigs sün von Zipperland, genant Ludwicus, dem kai-
ser ze dienen. Der kaiser enpfieng in als Alexandrum erlich
vnd sprach zü im: ›Jch hab Alexandrum geordnät zü minem
essen, so enpfilh ich dir min trinken.‹ Er ward schön enpfangen
von yederman vnd geordnet in die kamern, do Alexander
155 jnnen lag. Nü die zwen, Alexander vnd Ludwicus, sahent an
ein ander so glich nach antlüt, nach der leng vnd form vnd
sitten, daz man ain vor den andren nit wol erkant; denn das
was ir vnterschaid, daz Alexander stark vnd fest was vnd het
ein rößelet antlüt, aber Ludwicus, der was blöder natür vnd
160 ettwas blaich vnder dem antlüt. Sie pede hetten an ainander so
lieb, als sie leiplich brüder weren.

---

141 erwidiglich *Hs.*   150f. dem kaiser ze dienen *marg. Nachtr.*
161 weren *korr. aus* wegen.

---

150 Zipperland: ›Zypern‹.

XV. Vaticinium/Amici

Nú der kaiser hett über all mas ain schöne tochter, genant
Florentina. Die hatt der vatter also lieb, das er ir allwegen
von sinem tisch ain besünder essen schiket über iren tisch in ir
165 sal vnd gemach ir zü eren. Vnd das schiket er by Alexandro,
darvmb die tochter dem Alexander gar haimlich ward vnd im
wol getrawet vnd in lieb het. Es fügt sich ainest, daz dem
Alexander ettwaz geprast, [51ʳ] das er nit mocht dyenen ze
tisch; darvmb batt er den Ludwic, daz er dester flißiger were ze
170 tisch vnd sin ampt öch versorget, villicht gewaretz der kay-
ser nit, wann sie glich warn, als es geschah; vnd darvmb schi-
ket der kaiser daz essen siner tochter bey dem Lüdwic vnd
wänt, es were Alexander.
   Ludwicus hatt des kaysers tochter nye gesehen, vnd do er ir
175 daz essen bracht vnd ir zier vnd schöni ersach, do tet er ir groß
reuerentz mit worten vnd werken. Die tochter merket bald,
das er nit Alexander waz, vnd froget in sinen namen vnd von
wann er were. Er sprach: ›Lüdwig pin ich genant, ain sün des
künigs von Zipper.‹ Die jüngfrö enpfing in gar schon vnd trö-
180 stet in gar wol vnd liez in gan wider zü dem tisch. Die weil also
Ludwick bey der tochter was, do kam Alexander vnd vertrat ir
beder stat an dem dienst dez tisch. Do daz essen ain end hett,
do ward Ludwig gar wee, vnd lait sich in daz bett. Alexander
ward betrübt vmb sin gesellen. Er froget in, wie im wer. Er
185 sprach: ›Mir ist so vast we, daz ich fürcht, ich müß sin sterben‹,
vnd wolt nit sagen die sach sines lidens.
   Alexander, der merket vnd verstünd die sach, wann er be-
griffen ward in der grosen begird zü der tochter vnd lieb, do er
ir daz essen bracht, vnd sprach zü im Alexander: ›Biß gütz
190 mütz! Jch hoff, ich wöll dir helfen.‹ Vnd gieng in die stat vnd
kouffet vil klaynöt vnd edel gestain, das Ludwig darvmb nit
weste, vnd schenket das der tochter von Ludwigs wegen. Do
sprach sie: ›Mich wündert an im, daz er mir so köstliche ding
yetz schenket, so er mich allain ainest hat gesehen.‹ Alexander
195 sprach: ›Wissent, daz er gar mechtig ist vnd sin glich nit ist mit

---

168 er *Nachtr.*

168 *geprast*: ›fehlte‹, ›mangelte‹.   180 *tröstet*: ›ermunterte‹.
190 *wöll*: ›werde‹ (Frnhd. Gr., § S 167f.).

sölichen kleynöten, der euch allain ainest [51ᵛ] hat gesehen vnd doch so schwerlich begriffen ist in ewr lieb, das er ze pett lit vnd tod siech ist. Darvmb pitt ich euch von sinen wegen, daz ir in euch lasend enpfolhen sin, daz er nit also elendiglich sterb.‹
200 Sye sprach: ›Do sey got vor, daz ich min kůschait verlier oder er von meynet wegen sterbe, darvmb sag mir nit mer von sölchen sachen.‹ Alexander naygt sin howbt vnd gieng von ir.

Vnd des andren tags koufft er aber vil mer köstlicher ding dann vor vnd bracht es aber von Ludwigs wegen der tochter
205 on sin wissen. Da sie alß köstlich ding sach, do ward sie bewegt zů gůtikait vnd sprach: ›Mich wůndert an dich, daz du mich so vil hast gesehen, vnd hast mir sölch ding nye zů gemůtet.‹ Er sprach: ›Da geschah mir nye als im. So er nv̇ ist min gesell, so sol ich im helfen als mir selbz.‹ Sye sprach: ›Jch mag
210 dir yetzunt kain antwůrt geben.‹ Alexander gieng aber von ir vnd bracht ir zů dem dritten mal vil mer köstlicher ding dann vor. Do sie sach den schatz, do sprach sie: ›Sag Ludwig, das er kümm zu mir, wenn er wölle.‹

Alexander ward frö vnd sprach zů sinem gesellen: ›Biß vest,
215 wann ich hab dir die tochter erworben. Wenn du wilt, so küm zu ir.‹ Do Ludwig das hört, do was im glïch, als er von aynem slof erwachet, vnd ward gantz gesůnd vnd enpfieng sin speiß vnd wartet ainer haymlichen zit vnd kam zů ir vnd besliefff sie. Vnd dar nach gieng er so vil zů der tochter, daz ain argwan
220 ward an [52ʳ] *[...]* dem hoff vber in. Aber Alexander, der versprach den Ludwig vnd die tochter allweg vnd lait sin leben für sin gesellen mit worten vnd werken, wie wol Lůdwig nit darvmb west, aber die tochter weste es wol.

Dar nach kament Alexandro brieff von sinem vatter, wie er
225 wer in groser krankhit vnd das er heim solt vnd můste, das reich ein zenemen vnd die tochter zů der ee. Vnd do er vrlaub nam von dem kayser, do ward die tochter vnd der Ludwig

---

220 an an *Hs. (Dittographie durch Blattwechsel).*

207f. *mir ... zů gemůtet:* ›von mir verlangt.‹   220f. *versprach:* ›verteidigte‹.

úßdermasen laydig vnd vngemüt vnd waintend vil von siner hinschaidůng wegen. Der kaiser begobet in nach kaiserlichen
230 eren, vnd von lieb wegen ließ er im sin tochter ain gelait geben ettwa ferr mit hübschen volk. Vnd Ludwig rait auch an der seiten Alexandri vnd die tochter an der andren siten.

Do sie ettwa ferr ritend, do sprach die tochter zů dem Ludwig: ›O min allerliebster! Wir söllint waynen, das Alexander
235 von vns wil! Wann wer er ⟨nit⟩ gesin, du hettist min lieb nit gehebt. Er koufft mit sinem aygen gelt edel gestain ze dem dritten mal an din wissen vnd bracht mir daz von dinen wegen vnd ist offt des nachtes gestanden vnd dein vnd min war genümen, daz wir nit gelestret wůrdent.‹ Alexander, der tröstet sie
240 vnd enpfalh sie bede anenander in den frid vnd sprach zů dem Ludwig: ›Es ist yetz vil zit, das des künigs sün von Hyspania, G y d o genannt, her hat gestelt an min stat vnd zů dem ampt. Der wirt nů bald komen, vor dem hüt dů dich, wann man wirt in legen an min stat in din kamern, daz ir bede nit gelestret vnd
245 geschent werdent.‹ [52ᵛ]

Do es gieng an ain schaiden, do nam Lůdwig ain fingerlin, das im sin můter hett geben zu aynem zaichen der liebi, daz was gar köstelich, vnd tailet das mitten von ein ander vnd gab das ain tail Alexandro, das ander behielt er zů ayner ewigen
250 gedechtniß der lieb vnd trew. Vnd da sie aneinander vnd die tochter hettend gnadet vnd gesegnöt mit grosem hertz laid vnd klagen, da kömen sie wider haim vnd Alexander in sin land, do er mit groser wirde enpfangen ward, vnd nam die tochter zů der ee vnd regiret das künigrich gar wißlich nach dem tod
255 des künigs, der nit lang lebet.

Es geschach bald darnach, do G y d o höret, daz Alexander hinweg was, do kam er an sein stat zů dem kayser vnd ward gelait in des Ludwigs kammer. Gydo, der höret das můrmelen in dem hof von dem Ludwig, wie er gieng zů dez kaisers toch-
260 ter, vnd doch sie im enpfolhen was, ir ze pringen daz essen,

---

235 Negation bereits in *wann* (= mhd. *wande ne*)?   242 *gestelt*: ›gestrebt‹.

als der Alexander hett getan, vnd verwarttet sein, daz er in sah von ir vnd zu ir gan. Nù fügt es sich ains mals, daz der kaiser in sinem palast stünd bey sinen fürsten vnd ritterschaft, do fieng er an ze loben Alexandrum. Do daz Gydo erhört, do
265 sprach er: ›Herr, ir sollent in nit also loben, wann er ist üch ein schedlich man gewesen, der darzu geholfen hat, das Ludwig erworben hat ewr tochter, vnd beslefft sie, wenn er wil.‹

Der kaiser ward zornig vnd berüfet dem Ludwig vnd sprach: ›Was hör ich von dir? Jst es war, so müsend ir bede
270 sterben.‹ Er sprach: ›Herr, was [53ʳ] ist das?‹ Der kayser sprach: ›Hye spricht Gydo, du beslafest min tochter, wenn du wilt; daz wöll er üff dich beweisen.‹ Ludwig, der sprach: ›Herr, so wil ich beweisen, daz er mich vnd ewr wirdige tochter felschlichen anlüget.‹ Der kaiser benampt in ain tag, daran sie kempfen
275 söltend vnd also beweisen ein yetlicher mit sin selbs leib.

Ludwig, der waz nit so stark als Gydo vnd west nit, waz er tün solt; darvmb gieng er zü der tochter vnd saget ir all sach vnd hett darjnnen iren rat. Die tochter erschrak, wann es ouch an sach ir leben, vnd sprach: ›Bald gee zü dem kayser vnd
280 sprich, du müst heim, dein vatter sey in gröser krankhït, vnd reyt zü dem Alexander, daz er küm vnd fecht vnd kempf an diner stat.‹ Der Ludwig ward frö des ratz vnd nam vrlaub von dem kayser vnd verpürget sich, widervmb ze kummen zü dem versprochnen tag des kampfs. Der Ludwig rayt also tag vnd
285 nacht, vntz das er kam zü dem Alexander allain vnd haimlich, vnd erzalt im all sin sach vnd sprach: ›O min lieber herr vnd brüder, min leben vnd Florentinä, die mich zü dir geschiket hat, stat in dinen händen.‹

Alexander ward betrübt vnd froget in, ob es nyemand we-
290 ste, daz er zu im wer kummen. Er sprach: ›Es waiz nyemand dann Florentina.‹ Do sprach Alexander zü im: ›Leg an mine klaider, so wil ich die dinen nemen, vnd halt hie min stat als ain künig, aber halt mir trew, so du des nachtes by miner

---

279 *an sach*: ›anging‹, ›betraf‹, so auch in der Rahmenerzählung, Z. 94f., sonst nicht belegt, vgl. aber für Inf. und Part. Prät. ²DWb II, Sp. 1329: ›auf etwas abzielen, hinauslaufen, angelegt sein‹.

frawen ligst.‹ Also hielt Ludwicus hoff vnd regiret [53ᵛ] gar
295 löblich vnd leget all nacht ain swert an daz bett zwischen im
vnd der frawen, daz er sie nye angerůret. Die fraw nam dar ab
ain wünder vnd swaig doch still in bösem, wann in nyemand
anderz erkant dann als für den rechten künig Alexandrum.

Alexander, der rait haymlich hin weg vnd kam zů dem kai-
300 ser üff den versprochen tag des kempfes. Der kaiser ward fro,
aber vil fröer die tochter Florentina, vnd west nyemant, daz
⟨er⟩ Alexander was, dann allain die tochter. Vnd do sie bede,
der Alexander vnd Gydo, in den kraiß koment, do sprach
Alexander zů dem kayser, der vor den schranken hielt: ›Herr,
305 Gydo hat mich felschlich an gelögen, wann ich ewer tochter
vnschuldig bin; daz wil ich hůt beweisen üff sinen leib.‹ Wi-
dervmb sprach Gydo, er wer schuldig. Sie kempften mit ein-
ander vil zit vnd stünd, aber zů dem letzten pracht Alexander
den Gydo vnter sich vnd erstach in vnd nam von im das höpt
310 vnd bracht daz der tochter Florentine.

Sie enpfieng das höpt von dem Alexander mit grosen fröden
vnd bracht es für den vatter vnd sprach: ›Diß ist das houpt deß,
der mich fälschlich verlaidet hat.‹ Der kayser ward frö vnd
sprach zu Alexandro vnd wont, er wer Ludwig: ›Got sey ge-
315 lobt, das du hewt dich vnd min tochter behalten hast vor dem
tod bey dem leben. Vnd dar vmb, waz du begerest, daz sol dir
von mir beschehen.‹ Do sprach er: ›Herr, ich hab minen vatter
in groser krankhit gelassen vnd hab verhaisen, ich wöll [54ʳ]
bald wider kummen; dar vmb pitt ich, daz ir mir erlawbent; so
320 wil ich aber pald wider kummen vnd ewrn gnaden trẃlichen
dyenen nach ewerm willen.‹

Do es dem kayser wol gefiel, do kam Alexander wider zů
Ludwig mit grösen fröden vnd saget im von allen sachen, wie
es ergangen was vnd das er verhaisen het dem kaiser, er wölt
325 gar bald wider zů im kümmen. Also rayt Ludwig haimlich von
dannen vnd kam zů dem kayser. Vnd Alexander regiret sin

---

307 kempfen *Hs.*   324 es *Hs.*

313 *verlaidet*: ›angeklagt‹, ›verleumdet‹.   319 *erlawbent*: ›Urlaub
gebt‹.

kűngrich, vnd west nyemant von irn sachen. Dar vmb sin fraw im feind was worden von des swertz wegen, da von Alexander nit west vnd Ludwig im nit gesait het. Vnd darvmb, do
330 Alexander sich zü der küngin lait des nachtes vnd gar süßiglich mit ir redet vnd sie vmbfieng in sein arm, do sprach sie: ›Was anficht euch heynat weder andre nacht?‹ Er sprach: ›Wor vmb redest also?‹ Sie sprach: ›Do habent ir all nacht ain schwert zwischen vns gelait.‹
335 Do bey erkant Alexander, das im Ludwig hett trŵ gehalten, vnd redet so süßiglichen vnd gütiglichen mit ir, ob er es möchte versünen. Aber sie hett die weil ir ee gebrochen mit aynem ritter vnd gedacht in ir selb: ›Hast du mir die verschmaht getan, ich wil es nyemer ongerochen lan.‹ Vnd lait an
340 mit dem ritter, das im vergeben ward mit aynem trank, da von er nit starb, aber er ward üßsätzig. Dar vmb die fürsten vnd herren in verstiesen von dem rĭch vnd sprachen, daz es nit pillichen wer, daz kein üßsetzig rĭchsnet.

Jn der weil vnd zit starb der kaiser Cirus. Do nam Lud-
345 wig die tochter Florentina zü der ee. Es starb [54ᵛ] ouch sin vatter, der künig in Zipperland, daz er also ains mals rĭchsnet vber daz kaysertüm vnd über sĭn rĭch. Do also Alexander verstosen ward, do sprach er in im selbz: ›Zwar ich wil zü minen gesellen, dem Ludwig, der yetzunt so mechtig ist, vnd
350 zu Florentina, wann ich durch iren willen darzü pin kümen. Jch hoff, sie helfen mir ouch, alz ich inen dik geholfen han.‹ Vnd stünd üff vnd nam ein stecken in syn hant vnd kam zü inen.

Aber nyemand kennent in, als vngestalt was er worden, vnd
355 saß vor der tür bey andern armen lüten. Vnd do der kaiser ob tisch saß, da klapfet Alexander an das tor vnd sprach zü dem torwarter: ›Jch pitt dich, das du gest zu dem kaiser, vnd sprich

---

327 kűngrich *Hs.*   354 in *Nachtr.*

331f. *Was anficht euch heynat weder andre nacht?*: ›Was beunruhigt euch in dieser Nacht anders als sonst?‹ (wörtl.: ›. . . und nicht in anderer Nacht?‹).   339 *lait an*: ›verabredete‹.

XV. Vaticinium/Amici

zü im, wie hie vor dem tor stand ain armer üßsetziger mensch,
vnd pitt sin gnad, das er mich ein laß vnd vor im essen durch
360 gottz willen vnd durch künigs Alexanders willen.‹ Der torwart
sprach: ›Mich wündert, daz du ain sölichs begerest vnd vor
dem kayser vnd fürsten vnd herren ze sitzen: sie hettend ain
grawen ab dir.‹ Alexander, der pat in so vil vnd so lang, daz er
das saget dem kaiser. Der kaiser sprach: ›Las in bald ein vnd
365 setz in dorten vnden an den tisch, wie elend er ia sicht, durch
Alexanderz willen.‹

Do er schier gessen het, do sprach Alexander zü ainem dyener: ›Sag dem kayser, das er mir send sinen güldin kopf, daz ich
darüß trinke, durch Alexanderz willen.‹ Do im der kaiser sin
370 trinken het geschikt, do leit er daz halb vingerlin in den kopf,
daz er im vor zeletz het geben zu aim zaichen der lieb, [55ʳ] vnd
schiket im das. Do der kaiser das vingerlin ersach, do kant er
es bald, vnd würdent all sine glider bewegt vnd die natür, vnd
gedacht, den sachen wer ye nit recht – ›eintweder der Alex-
375 ander ist tod, oder er hat das gestolen, oder er ist es selb‹ – vnd
gepot, daz man in nit hin weg lies.

Do man von dem tisch waz gangen, do nam der kayser den
üßsetzigen haimlichen vnd fraget in, wie im das fingerlin wer
worden. Er sprach: ›Herr, dem irs geben habent ze letz in ai-
380 nem zaichen der lieb, der hat euchs widervmb geantwürt.‹ Do
sprach der kaiser: ›So hor ich wol, du pist Alexander.‹ Do antwürt er: ›Jch pin Alexander vnd pitt euch, daz ir Florentine, der
kayserin, nit davon sagent noch des gleichen tünd.‹

Do daz der kaiser höret, do vieng er bitterlichen ⟨an⟩ ze
385 wainen vnd klagen vnd sprach: ›O min allerliebster Alexander,
wie vnd in welhem weg ist dein edler leib vervnraint?‹ Er
sprach: ›Von des schwertz wegen, daz du zwischen din vnd miner frawen leg*r*est, ist mir vergeben worden, daz ich darzü

---

361 Mit *Hs.*   388 leg*est Hs.*

---

368 *kopf*: ›Becher‹, ›Pokal‹.   373 *natür*: ›das (durch die individuelle Mischung der Säfte bestimmte) Temperament‹? Vgl. DWb VII, Sp. 438.

kümmen pin, darvmb ich üßtriben pin worden von minem
390 rich.‹ Der kaiser gehůb sich übel vnd dorst es doch der kayserin
noch yemant sagen vnd gab im ain besunder gemach mit aller
zugehort vnd notdürft vnd beschiket bald nach wïsen ärtzten
vnd maistren, ob im nit ze helfen wer. Sie sprachen: ›Herr, er
mag nit geraynigöt werden, es sey denn, das man in pade üß
395 reyner kinder blüt.‹ Der kayser nam des war, wenn die kayserin
üßgieng des morgens ze kirchen, die weil dennoch sine kinder
noch slieffend, wann er hette vier sün. [55ᵛ]

Also des morgens, do sie hin weg was vnd die kinder noch
sliefen, da gieng er in die kamer vnd enpfieng das blůt in ain
400 geschirr vnd leget die kinder zesamen vnd verpot den jüng-
frawn bey leib vnd güt, nyemant da von ze sagen vnd all we-
gen zů der kayserin sprechen: ›Die kinder mügen wol‹ – ›vntz biß
ich euch erlaub, daz ze sagen.‹ Also nam der kaiser das blůt
vnd padet vnd wůsch den Alexander zů dem dritten mal dar
405 üß, vnd ward gantz rain vnd gesünd. Der kaiser küsset in mit
grosen fröden vnd sprach: ›Nim den brief vnd gee in die stat,
wann ich hab inen gepotten, daz sie dir morgen ain erlich
gelait her geben mit aynem hübschen volk; so wil denn jch mit
Florentina engegen reyten vnd dich mit fröwden enpfahen, alz
410 du werist kümen von dinem land.‹

Do es geschah vnd der morn kam, do sprach der kaiser zů
ir: ›Nim war, Alexander hat sin bottschaft her gesant, daz er
hewt wölle bey vns ze nacht essen, dar vmb wöllen wir im
engegen reyten.‹ Die kayserin was von hertzen frö vnd zyret

---

395 reÿne *Hs.*   399 kamer ~~vnd tödet sie alle~~ vnd *Hs.*   403 kaiser
marg. Nachtr. *(Zeile in den Rand hinein verlängert)* vor ~~Alexander~~ *Hs.*

---

390 *gehůb sich übel*: ›gebärdete sich unfroh‹, zu *sich geheben*, Neben-
form von *sich gehaben*, meist, in Anlehnung an *heben*, stark flektiert
(DWb IV 1.2, Sp. 2310ff.).   392 *zugehort* = mhd. *zuogehœrde* ›not-
wendige Ausstattung‹.   394f. *üß reyner kinder blüt*: ›in dem Blut un-
schuldiger Kinder‹; der Anschluß an die Satzkonstruktion ist lose, an-
ders Z. 424f.: *mit rayner kinder blůt*.

sich mit iren jungfrawen, vnd der kaiser hyes ůff trůmeten, vnd enpfiengent in mit grosen eren vnd fröden vnd vmbfahen. Vnd do sie des abendz asen, vnd Alexander zwischen dem kaiser vnd der kaiserin ze tisch sas, do machten sie im kůrtzwil vil. Der kaiser sprach: ›Min liebe Florentina, bist du nit ingedenk des ůßsetzigen, der vorgestern hie vor vns as?‹ Sie sprach: ›Ja, er was [56ʳ] vast vnrain, vnd nam mich wünder, war vmb er trank ůß ewrem kopf.‹

Do sprach der kaiser: ›So frag ich dich, weri, daz Alexander also were vnd möchte nit anders gesůnd werden, dann mit rayner kinder blůt, wölst du it dein sůn dar geben, daz im gehölfen würd?‹ Do sprach sie: ›Daz wer ain klaine sach; vnd hett ich noch so vil kinder, sie můstend all sterben, daz dem Alexander gehölfen würd. Wann worvmb? Wir sind noch jůng vnd möchtend noch wol ander machen vnd vil sůn gewynnen.‹ Diß geviel dem kaiser gar wol, vnd sprach: ›Min liebe fraw, also ist es auch geschehen mit Alexandro hie vnd mit dinen kindern. Aber doch so hab ich sie also versorget, daz sie noch lebent, wann ich nam inen das blůt allain ůff das halbtail vnd verstellet inen daz vnd bestraich sie mit balsam vnd hab iren jůngfrawen enpfolhen, wie sie ir warten vnd pflegen süllen vnd nyemand da von sagen vntz ůff dise zït.‹

Also gepot der kayser, das man sin sůn brächt für den tisch. Also kamen die jůngfrawen mit den kindern für den tisch frölichen an allen gepresten. Do ward grose fröd über fröd, vnd hyez berüffen ain groß wirtschafft, die da werőt acht tag mit allem dem, daz des menschen begird möcht bedenken. Dar nach nam der kayser groß volk mit im vnd zoch mit Alexandro in sin rïch vnd nam die kůngin vnd den ritter vnd verürtailet sie zů dem tod vnd setzet Alexandrum wider in sin rïch vnd gab im sin swester, die er mit im füret, zů der ee; vnd schůff Alexander alle ding gar wißlich vnd kam [56ᵛ] ze rwe

---

435 enpfolhen *marg. Nachtr.*

---

425 it = mhd. *eht, êt* ›etwa‹.   434 *verstellet:* ›stillte‹ (nämlich *das blüt* ›den Blutfluß‹).

vnd ze allem frid. Vnd der kaiser kam ouch haim vnd in sin rich mit fröden.

Do nů der künig Alexander in allem gewalt sas, do gedacht
450 er an sinen vatter vnd sine müter, vnd schikt inen aynen botten, daz sie sich darnach richtend vnd schiktend, wann er wölt mit vil volks ůff die zït bey inen v̈ber nacht sein. Do sie die botschaft vernomen vnd den botten erlich begabten vnd schetzeten sich vnwirdig, das sin gnad sölt mit inen essen, vnd
455 enpoten sie wider vmb, daz williglichen mit fröden ze tün. Alexander, der künig, kam ůff die versprochen zït zů inen. Sie giengent im engegen gar erwirdiglichen vnd enpfiengent in knẅend vnd fürtend in in iren palast, vnd waren alle ding wol geordnät vnd versorget in dem sloss.

460 Do die zït kam, das man ze tisch solt sitzen, do nam der ritter, sin vatter, das gießvaß vnd die müter die hantzwehel vnd stünden berait, dem kunig ze geben das wasser an sein hand. Do gedacht der küng an der nachtgallen gesang. Doch wölt er daz wasser vnd den dienst von inen nit enpfahen vnd
465 gab inen die ere vnd setzet sinen vatter an ein siten vnd sin müter zu der andren siten ze tisch, vnd lebtend mit fröden.

Des morgens do rüfet der künig den ritter vnd sin müter in sin kammer vnd besloß sie vnd fraget sie, ob sie kain kind hettint. Sie sprachen: ›Nain.‹ Er sprach: ›Habend ir aber nye
470 kains beyenander gehebt?‹ Der ritter sprach: ›Wir hattind ains wol ainen sün, aber er ist tod.‹ Der künig sprach: [57ʳ] ›Was tods ist er gestorben?‹ Der ritter sprach: ›Aines natürlichen tods.‹ Der künig sprach: ›Sagent ir mir die warhait nit vnd wirt ichs anders ynnen, so sind ir mir verfallen leib vnd güt. Wann ich an
475 sach nit her kömen pin, vnd an sach frag ich nit, darvmb wil ich es wissen oder dar vmb sterben.‹

Do sie das hörtent, do vielent sie im für sin füß vnd begertend gnad vnd saitend im, wie es ergangen were mit irem sün.

---

463 gedacht] t *Nachtr.*

476 *dar vmb sterben*: will das der König oder müßten es die Eltern?

Do sprach der künig: ›So ir mir nv̇ bekant habend die warhait,
480 so gib ich mich euch ouch ze erkennen‹, vnd sprach: ›Jch pin
ewer verlorner sün, vnd ist dar zü kummen, daz ich euch vor-
gesait hab.‹ Vnd vmbfieng sie mit den armen vnd küsset sie gar
getrẅlich vnd füret sie mit im in sin rìch, vnd warend in grosen
eren, die wil sie lebtend.«

Ende der Rahmenerzählung

Do des kaysers sün Dioclecianus hett vor allem volk diß bispel
gesait vnd das dem kayser vnd aller werlt wol gefiel, do sprach
er zü dem kayser, sinem vatter: »Wie wol es ist, daz mir got
5 verliehen hat wißhait als disem Alexander, doch so hett ich dar
vmb ewrs rìchs nit berowbet, ob ir mirs enpfolhen hettind, vnd
euch dester minder nit gehept in allen eren vnd tün als diser
Alexander sinen vatter tet, der in in das mer geworffen hat.«
Do sprach der kaiser: »O min aller liebster sün! Du hast mir
10 die aller hubschten red gesait. Du pist wirdig ze regiren vnd ze
herschen. Min rìch, das gib ich dir üff, wann ich alt pin vnd
vnmügend.« Der sün sprach: »Nit also, vatter. Die wil dü le-
best, [57ᵛ] so soltu lob vnd er haben vnd gewaltig sin, vnd jch
sol die arbait han vnd dir gehorsam sin in allen sachen.«
15 Do diß alles ain end hatt, vnd die kayserin mit irem püben
vor all der welt da stünd, da hieß der kayser die richter bald
recht sprechen. Sie sprachent: »Herr, warvmb sollent wir recht
sprechen? Jr vergicht töt sie.« Also wůrdent sie bede üßgefürt,
vnd die kaiserin ward ertrenkt vnd der püb verprent. Vnd ward
20 darnach groß fröud in der stat, daz das recht was für sich
gangen vnd das vnschüldig blüt gerochen ward vnd bey dem
leben behalten vnd daz er bey dem kaisertüm beleib; vnd re-

---

2 Dioclecianus *marginaler Nachtrag.*   22 behalten vnd daz er bey dē
marginaler Nachtrag vor vnd kaisertüm *Hs.*

---

18 *vergicht*: ›Geständnis‹.

giret das wißlich nach dem tod sines vatters vnd hat sin mai-
ster bey im ze allen zïten vnd ward gelobt durch die gantzen
25 werlt.

Got geb vns gelük vnd hayl!

Stoff- und motivgeschichtliche Anmerkungen

In der Rahmenerzählung und in den Binnenerzählungen begegnen zahlreiche Erzählstoffe der Weltliteratur. Die folgenden Anmerkungen bieten knappe Bemerkungen zur Herkunft der Stoffe, mit besonderem Blick auf die Geschichte des ›Sindbād-Buches‹ und der ›Sieben weisen Meister‹, ergänzt durch Hinweise auf bekannte andere Versionen des Stoffes und einiger herausragender Erzählmotive. Die bibliographischen Angaben zu der häufiger angeführten Literatur finden sich im Literaturverzeichnis am Ende der Einleitung.

Rahmenerzählung (Anfang)

Zur Stoffgeschichte der Rahmens vgl. die Einleitung. Das zentrale Motiv kennt jeder zeitgenössische Leser aus dem Buch Genesis, wo Potiphars Weib den jungen Joseph ganz ähnlich bedrängt. Die Leser, denen die Geschichte von Phädra und ihrem Schwiegersohn Hippolytos bekannt war, erhielten zwei konkurrierende Deutungsangebote: Die Kaiserin konnte aus Wollust handeln wie die Ägypterin oder von Liebe befallen sein wie die Griechin.

Motivparallelen: LANDAU, S. 65–70; CASSEL, S. 10–24; FRENZEL, Stoffe, S. 607–611 (»Phädra«); FRENZEL, Motive, S. 160–170 (»Frau, die verschmähte«).

Literatur: ELISABETH FRENZEL: Stoffe der Weltliteratur. Ein Lexikon dichtungsgeschichtlicher Längsschnitte. Stuttgart ⁹1998. – ELISABETH FRENZEL: Motive der Weltliteratur. Ein Lexikon dichtungsgeschichtlicher Längsschnitte, Stuttgart ⁴1992.

I. Arbor

Die Herkunft von *Arbor* ist ungeklärt (CAMPBELL, S. lxxviii). Das Exempel erscheint nur im westlichen Texttyp. Die in der Forschungsliteratur genannten Ähnlichkeiten zu den ›Gesta Danorum‹ (KRAPPE, 1925, S. 345–347) und zum ›Schimâs-Buch‹ (BELCHER, S. 53, ähnlich in ›Tausendundeiner Nacht‹, hg. v. ENNO LITTMANN, Wiesbaden 1953, Bd. 6, S. 8–10) sind viel zu allgemein. Sie bestehen einzig darin, daß dort ebenfalls ein großer Baum mit einem kleinen verglichen wird. Es fehlt die Situierung im Garten mit dem Besitzer, der den unfruchtbaren Baum umzuschlagen befiehlt, und dem Gärtner, der vergebens versucht, ihn zu hegen. Sie findet sich jedoch im Gleichnis vom unfruchtbaren Feigenbaum (Lc 13,6–9), wo allerdings von nur einem Baum die Rede ist. Trotzdem sind die Ähnlichkeiten bedenkenswert. Denn wie in *Arbor* geht es im Lukasevangelium um die Frage, ob es ökonomisch günstig ist, einen Baum zu hegen, der auf jeden Fall Kosten verursacht, aber nur möglicherweise Früchte trägt. Vielleicht hat der Autor des ›Roman‹ eine sprichwörtliche Weisheit wie die, daß alte Bäume umgehauen werden müssen, wenn junge wachsen sollen (vgl. KRAPPE, 1925, S. 345f.), in das biblische Gleichnis eingepaßt.

II. Canis

Das in der orientalischen Literatur weitverbreitete Exempel gehört zum Grundbestand der Erzählsammlung. Sein Sinn, vor übereilten Entschlüssen zu warnen, paßt vorzüglich auf den Fall der Rahmenhandlung. Mit dem ›Pañcatantra‹ und vor allem den ›Meistern‹ gelangte es in die europäischen Literaturen. Über das Verhältnis der *Canis*-Version des westlichen Texttyps des ›Sindbâd‹-Zyklus zu derjenigen des östlichen Texttyps und zu weiteren Stoffparallelen vgl. CAMPBELL, S. lxxviii–lxxxii; KRAPPE, 1927, S. 163–167.

Motivparallelen: AaTh 178 (›The faithful animal rashly killed‹); Mot. B 331.2; SCHMITT; FOEHR-JANSSENS, S. 449–451.

Literatur: JEAN-CLAUDE SCHMITT: Hundes Unschuld. In: EM 6 (1990), Sp. 1362–1368.

III. Aper

Aper ist eines der wenigen Exempel, das man in allen erhaltenen Versionen der ›Meister‹ findet, auch in den orientalischen. Dargestellt wird stets der Schwache, der einen Starken durch List besiegt. Nur in der ›Historia‹ (KRAPPE, 1924, S. 397) wird daraus durch Veränderungen und Zusätze die Geschichte eines Hirten, der sich mit Mut und Verstand eine Prinzessin und ein Königreich erobert, eine Variante der ›Geschichte vom tapferen Schneiderlein‹.

Stoffgeschichte: CAMPBELL, S. lxxxii–lxxxiv; KRAPPE, 1924, S. 390–393. – Motivparallelen: TUBACH, Nr. 716 (›Boar killed by cunning‹); Mot. K 836.

IV. Puteus

Der Stoff wurde auch von Boccaccio (›Decamerone‹ VII 4) und Molière (›George Dandin‹) aufgegriffen. Zuerst findet sich die Erzählung in der ›Disciplina clericalis‹ des Petrus Alfonsi (S. 20f.), ist aber wohl indischen Ursprungs. Im indischen ›Papageienbuch‹ (›Çukasaptatí‹) wird *Puteus* als 16. Geschichte der kürzeren, als 25. Geschichte der längeren Fassung erzählt. Da das ›Çukasaptatí‹ erst im 12. Jahrhundert bezeugt ist, geht es wohl letztlich auf eine Quelle zurück, aus der auch Petrus Alfonsi geschöpft hat (CAMPBELL, S. xcf.).

Motivparallelen: AaTh 1377 (›The husband locked out‹); Mot. K 1511; CROSLAND, S. 10; FOEHR-JANSSENS, S. 464.

Literatur: Petrus Alfonsi: Disciplina clericalis. Hg. v. ALFONS HILKA u. WERNER SÖDERHJELM. Heidelberg 1911.

V. Gaza

Das Beispiel für geistesgegenwärtiges und zugleich radikales Verhalten in scheinbar aussichtslosen Situationen geht letztlich auf die Erzählung vom Meisterdieb in Herodots ›Schatzhaus des Rhampsinitos‹ (II 121) zurück, das über die orientalische Literatur und dann den ›Dolopathos‹ vermittelt wurde (SPEER).

Motivparallelen: AaTh 950 (›Rhampsinitus‹); FOEHR-JANSSENS, S. 451f.

Literatur: MARY BETH SPEER: *Translatio* as *inventio*: Gaston Paris and the ›Treasure of Rhampsinitus‹ (*Gaza*) in the *Dolopathos* romance. In: Transtextualities. Of cycles and cyclicity in medieval French literature. Hg. v. SARA STURM-MADDOX u. DONALD MADDOX. Binghampton/NY 1996 (Medieval & renaissance texts & studies 149), S. 125–155, ausführliche Literaturangaben: S. 126f.

VI. Avis

In der Erzählung *Avis*, die schon im östlichen Texttyp enthalten ist, verbindet sich eine misogyne Grundhaltung mit der Thematik von Sein und Schein.

Motivparallelen: TUBACH, Nr. 3147 (›Magpie denounces unfaithful wife‹); Mot. J 1154.1; CAMPBELL, S. xcvii–xcix.

VII. Sapientes

Die Geschichte erinnert an die Merlin-Episode ›Vortigerns Turm‹ (KRAPPE, 1924, S. 398–407). Diese später besonders aus dem ›Prosa-Lancelot‹ bekannte Szene wurde zuerst in der Nennius (9. Jh.) zugeschriebenen ›Historia Britonum‹ gestaltet, dann um 1138 durch Galfrid von Monmouth in der ›Historia regum Brittanie‹ (BRUGGER-HACKETT, S. 6–8, 18f., 64). Die Parallelen zwischen der ›Historia regum Brittanie‹ und den ›Meistern‹: Merlin entlarvt die Weisen des Königs als unwissend bzw. korrupt. Er bietet eine Erklärung für ein rätselhaftes Phänomen (ein stürzender Turm bzw. Blindheit des Königs), die überprüft wird und sich als richtig erweist. Geht es Galfrid darum, die Unfehlbarkeit von Merlins Prophezeiungen zu demonstrieren, so richtet der Autor des ›Roman des sept sages‹, von der Rahmenhandlung beeinflußt, den Blick auf die Treulosigkeit der Ratgeber. KRAPPE, 1924, S. 404, plädiert daher für Galfrids ›Historia‹ als unmittelbare Vorlage für *Sapientes*.

Stoff- und motivgeschichtliche Anmerkungen   81

Es sollten jedoch auch weitere Texte in die Quellendiskussion einbezogen werden. Das Motiv des vergrabenen Schatzes, der durch Merlins Vorhersage wiedergefunden wird, könnte der Autor des ›Roman‹ aus Galfrids um 1150 entstandener ›Vita Merlini‹ bezogen haben (vv. 490–532). Obwohl nur eine einzige vollständige Handschrift der ›Vita‹ erhalten ist, machen die zahlreichen Belege ihrer Wirkungsgeschichte eine weitere Verbreitung im 12. Jahrhundert wahrscheinlich (vgl. BRUGGER-HACKETT, S. 38). Als Quellen müssen auch die frühen lateinischen Bearbeitungen von Galfrids Werken erwogen werden (ebd., S. 43–69).

Literatur: SILVIA BRUGGER-HACKETT: Merlin in der europäischen Literatur des Mittelalters. Stuttgart 1991 [Helfant-Studien S 8].

VIII. Tentamina

So eindeutig die Absicht des Exempels, so unklar ist seine Herkunft. Als Hintergrund hat man den Streit zwischen Sokrates und Xanthippe erwogen.

Motivparallelen: LANDAU, S. 79–83; CAMPBELL, S. xciiif.

IX. Virgilius

Die Erzählung geht im Kern auf das 16. Kapitel der ›Mirabilia Romae‹ zurück (entstanden vor der Mitte des 12. Jahrhunderts), das die Geschichte der ›Salvatio Romae‹ enthält. Darin werden die Römer durch Statuen vor Aufruhr in den Provinzen des Reichs gewarnt (vgl. die von MIEDEMA auf S. 353 abgedruckte Fassung). Die Sage »hat ihren Ursprung im 4. oder 5. Jahrhundert und ist seit dem 8. Jahrhundert literarisch ausgebildet« (ebd., S. 426). Zur ›Salvatio Romae‹ als Quelle vgl. CAMPBELL, S. xciv–xcvii; BERLIOZ, S. 93–96; FOEHR-JANSSENS, S. 472f. Die Verbindung mit Vergil ist zuerst in Alexander Nekkams (1157–1217) ›De naturis rerum libri duo‹ belegt; von dort könnte sie in den ›Roman des sept sages‹ gelangt sein. Neckam bringt Beispiele der exzeptionellen *prudentia* Vergils (Kap. II 174, hg. v. THOMAS WRIGHT, London 1863, S. 310).

Vgl. DUNLOP, S. 186; COMPARETTI, S. 250–258. Zu den weiteren Quellen vgl. auch KRAPPE, 1932, S. 271–279; TUBACH, Nr. 5095 (›Virgil, magic statue of‹). Eine Zusammenstellung auch der neueren Literatur bei PETZOLDT, S. 566–568.

Literatur: JACQUES BERLIOZ: Virgile dans la littérature des *exempla* (XIIIe–XVe siècles). In: Lectures médiévales de Virgile. Rom 1985 (Collection de l'École française de Rome 80), S. 65–120. DOMENICO COMPARETTI: Virgil im Mittelalter, Leipzig 1875. – JOHN DUNLOP: Geschichte der Prosadichtungen oder Geschichte der Romane, Novellen, Märchen usw. Aus dem Engl. übertr. u. vielfach verm. u. berichtigt so wie mit einleit. Vorrede, ausführlichen Anmerkungen u. einem vollst. Reg. versehen v. FELIX LIEBRECHT. Berlin 1851. – NINE ROBIJNTJE MIEDEMA: Die ›Mirabilia Romae‹. Untersuchungen zu ihrer Überlieferung mit Edition der deutschen und niederländischen Texte. Tübingen 1996 (MTU 108). – LEANDER PETZOLDT: Virgilius Magus. Der Zauberer Virgil in der literarischen Tradition des Mittelalters. In: Hören Sagen Lesen Lernen. Bausteine zu einer Geschichte der kommunikativen Kultur. Fs. f. Rudolf Schenda z. 65. Geb. Hg. v. URSULA BRUNOLD-BIGLER u. HERMANN BAUSINGER. Bern [u. a.] 1995, S. 549–568.

X. Medicus

Man hat *Medicus* auf eine rekonstruierte griechische Lokallegende aus Kos zurückgeführt, wo das Dädalus-Motiv mit dem der Weisheitsprobe und dem Namen Hippokrates verbunden worden wäre. Durch Kreuzfahrer könnte der Stoff dann zu Beginn des 12. Jahrhunderts nach Westen gelangt sein (KRAPPE, 1924, S. 386–389; KRAPPE, 1927, S. 167f.).

Motivparallelen: TUBACH, Nr. 3254; Mot. F 956.2; FOEHR-JANSSENS, S. 466f.

XI. Senescalcus/Roma

Im altfranzösischen ›Roman‹ erzählt die Kaiserin am vierten Tag *Roma* und am siebten Tag *Senescalcus*. Der Autor der ›Historia‹ hat die beiden Exempel verbunden, um die Kaiserin am letzten Tag *Inclusa* vortragen zu lassen, eine Erzählung, mit der im ›Roman‹ die Weisen argumentieren. Die Vorgeschichte von *Senescalcus* ist unbekannt.

Motivparallelen: Mot. K 2243; CAMPBELL, S. xci–xciii.

Roma, indischen Ursprungs, wurde lateinisch vermittelt. Die Einzelheiten sind unklar. KELLER, Bühel, S. 61, vermutete, daß sich darin die Rettung Roms vor Attila durch Papst Leo I. spiegele. PARIS wies dann auf die Parallelen zum ›Pañcatantra‹ hin. KRAPPE, 1927, S. 168–176, sieht den Ursprung in einer verlorenen frühen Version dieser Sammlung. Ähnlichkeiten weist auch eine bisher in diesem Zusammenhang unbeachtete Episode der Vita Leos IV. auf, der Rom 848/49 vor den Sarazenen rettete, die zwei Jahre zuvor St. Peter und Paul zerstört hatten (vgl. HERBERS, S. 105–134).

Literatur: KLAUS HERBERS: Leo IV. und das Papsttum in der Mitte des 9. Jahrhunderts. Möglichkeiten und Grenzen päpstlicher Herrschaft in der späten Karolingerzeit. Stuttgart 1996 (Päpste und Papsttum 27). – GASTON PARIS: Le récit *Roma* dans les *Sept sages*, in: Romania 4 (1875), S. 125–129.

XII. Amatores

Das Beispiel fehlt im altfranzösischen ›Roman‹. Der Autor der ›Historia‹ hat es eingefügt, da er *Inclusa*, im ›Roman‹ die letzte Weisen-Erzählung, von der Kaiserin vortragen läßt. *Amatores* gehört zur verbreiteten Gruppe der ›Trois bossus ménestrels‹, die in Deutschland zuerst in der Verserzählung der ›Drei Mönche zu Kolmar‹ erscheint (vgl. PILLET; Überblicke bei ROTH und bei GRUBMÜLLER, S. 1302–1304). Überliefert nur in der um 1430 entstandenen »Liedersaal-Handschrift« (Karlsruhe, Codex Donaueschingen 104), lassen inhaltliche Momente und die Reimtechnik eine Entstehung in der ersten Hälfte des 14. Jahrhunderts vermuten (vgl. ROSENFELD, Sp. 1001f.), in die auch die ›Historia‹ zu datieren sein dürfte. Möglicherweise gehen die ›Drei Mönche‹ und *Amatores* auf verwandte Vorlagen zurück. Dafür sprechen vor allem inhaltliche Momente wie die für die Argumentation der Meister unpassende Episode mit dem grotesken Tod des vierten Ritters, die in der ›Historia‹ noch enthalten ist und in der hier edierten Fassung wieder fortgelassen wurde.

Motivparallelen: AaTh 1537 (›The corpse killed five times‹); Mot. K 2322 (›The three hunchback brothers drowned‹).
Literatur: KLAUS GRUBMÜLLER (Hg.): Novellistik des Mittelalters. Märendichtung. Frankfurt a. M. 1996 [Bibliothek des Mittelalters 23]. – ALFRED PILLET: Das Fableau von den Trois bossus Ménestrels und verwandte Erzählungen früher und später Zeit. Ein Beitrag zur altfranzösischen und zur vergleichenden Litteraturgeschichte. Halle a. d. Saale 1901. – HANS-FRIEDRICH ROSENFELD: Niemand (Nieman). In: ²VL 6 (1987), Sp. 1001–1005. – KLAUS ROTH: Bucklige: Die drei B.n. In: EM 2 (1979), Sp. 980–987.

XIII. Inclusa

Die weitverbreitete Erzählung von der eingeschlossenen Frau (KÜHNE) kommt auch in der lateinischen Übersetzung der ›Mischle Sindabar‹ vor, der hebräischen Version der ›Meister‹, wo der Prinz die Erzählung zum Schluß vorträgt (S. 30f.). HILKA nahm an, daß diese Übersetzung, die wir nur aus einer 1407 beendeten Handschrift aus Oberitalien kennen, älter als der altfranzösische ›Roman‹ sei (ebd., S. XXI). Für *Inclusa*, die in der hebräischen Version fehlt, vermutete er orientalischen Ursprung (ebd., S. XIXf.). Später nimmt er für die *Inclusa* der ›Sieben weisen Meister‹ an, »daß zu Beginn des Mittelalters eine ganz neue Originalform unseres Stoffes in bewußt künstlerischer Absicht entstanden ist« (Wanderung, S. 51). Motivgeschichtliche Überlegungen sprechen jedoch sowohl gegen die Frühdatierung wie die Abhängigkeitshypothese: »Die mittelalterliche Geschichte von der ›*Inclusa*‹ geht aus der Verknüpfung zweier Quellen hervor. Die eine ist der ›Miles gloriosus‹ des Plautus, die andere die Erzählung ›*Turris*‹/›*Puteus*‹ des lateinischen ›Dolopathos‹. [. . .] Der Weg von Plautus ins mittelalterliche Frankreich ist direkt; die Geschichte ist in den französischen ›Sieben Meistern‹, wo wir sie zuerst finden, auch entstanden« (FEHLING, S. 206f.).

Motivparallelen: AaTh 1419 E (›Under ground passage to paramour's house‹); Mot. K 1523; CAMPBELL, S. cix–cxii; FOEHR-JANSSENS, S. 462f. – Zu den *Inclusa*-Gestaltungen in den verschiedenen Versionen der ›Sieben weisen Meister‹ vgl. HILKA, S. 32–37. – Zur teils orientalischen Vorgeschichte einzelner Motive vgl. KRAPPE, 1935; KÜHNE.

Literatur: DETLEV FEHLING: Die Eingesperrte (›Inclusa‹) und der verkleidete Jüngling (›Iuvenis femina‹). Neues zur Traditionsgeschichte zweier antiker Komödienmotive nebst einem Beitrag zur Geschichte des ›Sindbad‹-Zyklus. In: Mittellateinisches Jahrbuch 21 (1986), S. 186–207. – ALFONS HILKA (Hg.): Historia septem sapientum. I. Eine bisher unbekannte lateinische Übersetzung einer orientalischen Fassung der Sieben weisen Meister (Mischle Sendabar). Heidelberg 1912 (Sammlung mittellateinischer Texte 4). – ALFONS HILKA: Die Wanderung der Erzählung von der Inclusa aus dem Volksbuch der sieben weisen Meister. In: Mitteilungen der schlesischen Gesellschaft für Volkskunde 19 (1917), S. 19–72. – UDO KÜHNE: Inclusa. In: EM 7 (1991), Sp. 109–113.

XIV. Vidua

Da der Autor der ›Historia‹ das von außen bezogene Exempel *Amatores* als Erzählung des sechsten Weisen eingeschoben hat, rückt *Vidua*, das diese Position im ›Roman‹ eingenommen hatte, an die letzte Stelle. *Vidua* geht auf die Geschichte der ›Witwe von Ephesos‹ zurück, die aus Petrons ›Satyrikon‹ (III 111–113) bekannt ist und auf der ganzen Welt verbreitet wurde (GRISEBACH).

Stoffgeschichte: GRISEBACH, S. 17–131; FOEHR-JANSSENS, S. 471. – Motivparallelen: TUBACH, Nr. 5262 (›Widow of Ephesus I‹); AaTh 1350 (›The loving wife‹); Mot. 2213.1.

Literatur: EDUARD GRISEBACH: Die Wanderung der Novelle von der treulosen Wittwe durch die Weltlitteratur. 2., mit einem Anh. verm. Aufl. Berlin 1889.

XV. Vaticinium/Amici

Vaticinium könnte unabhängig vom ›Sindbād-Buch‹ im Mittelmeerraum entstanden und durch Kreuzfahrer vermittelt worden sein (vgl. KRAPPE, 1925, S. 347–365). Die Geschichte wurde bereits im ›Syntipas‹ des Michael Andreopulos, einer griechischen Version des ›Sindbād-Buchs‹, von Syntipas (Sindbād) selbst als letztes Exempel der Sammlung erzählt (so BELCHER, S. 50 A. 74).

Stoffgeschichte: CAMPBELL, S. cxii–cxiv. – Motivparallelen: AaTh 517 (›The boy who learned many things‹); Mot. M 312.2.

Amici, eine Fassung des säkularen Zweiges des weitverbreiteten Erzählstoffes von ›Amicus und Amelius‹ (DENECKE, FEISTNER), hat erst der Autor der ›Historia‹ in das Exempel des Prinzen eingefügt und es damit zu einer umfangreichen Erzählung ausgeweitet, die in der hier edierten deutschen Fassung wieder gekürzt und zugleich von allen hagiographischen Relikten befreit wurde (so werden die Kinder nicht getötet, sondern nur kräftig zur Ader gelassen, ihre wunderbare Auferstehung ist daher überflüssig). *Amici* geht im wesentlichen auf eine verlorene lateinische Version zurück, die zugleich die wichtigste Vorlage für den ›Engelhard‹ Konrads von Würzburg darstellt (OETTLI, S. 58–75 u. 106–129).

Motivparallelen: AaTh 516C (›St. James of Galicia‹); TUBACH, Nr. 198 (›Amicus and Amelius, friendship of‹).

Literatur: LUDWIG DENECKE: Amicus und Amelius. In: EM 1 (1977), Sp. 454–463. – EDITH FEISTNER: Die Freundschaftserzählungen vom Typ ›Amicus und Amelius‹. In: Fs. f. Herbert Kolb z. 65. Geb. Unter Mitarb. v. BARBARA HAUPT u. HILKERT WEDDIGE hg. v. KLAUS MATZEL u. HANS-GERD ROLOFF. Bern [u. a.] 1989, S. 97–130. – PETER H. OETTLI: Tradition and creativity. The Engelhard of Konrad von Würzburg. Its structure and its sources. New York [u. a.] 1986 (Australian and New Zealand studies in German language and literature 14).

www.ingramcontent.com/pod-product-compliance
Lightning Source LLC
Chambersburg PA
CBHW031835230426
43669CB00009B/1363